Harper
Collins

PETRA NEFTEL

Wünschen ist was für Feen

Wie ich mein Leben in den Griff bekam,
und wie du das auch schaffst

HarperCollins

HarperCollins®

1. Auflage: September 2020
Originalausgabe
© 2020 by HarperCollins
in der HarperCollins Germany GmbH, Hamburg

Umschlaggestaltung: FAVORITBUERO, München
Umschlagfoto: © Margaretha Olschewski
Satz: GGP Media GmbH, Pößneck
Printed in Germany
Dieses Buch wurde auf FSC®-zertifiziertem Papier gedruckt.
ISBN 978-3-95967-393-8

www.harpercollins.de

Werden Sie Fan von HarperCollins Germany auf Facebook!

»Every new beginning comes
from some other beginning's end.«
Seneca (und Semisonic *Closing Time*)

Inhalt

Mein Weg, dein Weg

Prolog
Make your mess your message! **11**

1 Annehmen: Wie ist unsere Lage?
Von unbewusst zu bewusst. Der erste Schritt Richtung
Klarheit. Ansehen, was ist: Bestandsaufnahme mit
Erkenntnis-Blitzen und Aha-Momenten. **17**

2 Bewusstmachen: Wir! Sind! Nicht! Gut! Zu! Uns!
Wir überfordern uns – wir gehen ständig über unsere
eigenen Grenzen. Und wir müssen lernen, unsere
Pausentaste wiederzufinden – jedenfalls, wenn wir gesund
werden und bleiben wollen. **31**

3 Kraft aufbauen: Die sechs Wichtigen für die eigene Stärke:
Bewegung, Ernährung, Schlaf, ein ruhiger Geist,
Kreativität und ein guter Lebensrhythmus:
Aus diesen sechs wird die Willenskraft, mit der wir
uns selbst bestimmen. **43**

4 Sortieren: Wir sind alle verstrickt!

Bevor wir unser Ziel finden, müssen wir unsere Situation entknäulen. Dabei gilt: Eat the frog first – immer mit dem Schlimmsten anfangen. Und dann, nach und nach, in die Freiheit. **75**

5 Lösen: Machen wir Augen, Hirn und Herz auf – und suchen mit System.

Jedes Problemfeld, jeder Teilaspekt liegt ja jetzt vor uns. Nun gilt es, den Lösungsansatz zu suchen. Und unser Ziel klarzukriegen. **91**

6 Überprüfen: Richtige Lösungen, falsche Lösungen, fatale Folgen.

Wir überprüfen unsere Gedanken und Glaubenssätze und stellen fest: meistens ist es nicht der erste Lösungsansatz, der uns befreit – also nicht sofort losgaloppieren. **117**

7 Auftreten: In unsicheren Zeiten neigen wir dazu, uns zu verstecken.

Raus aus der Deckung. Wie stehen wir gerade, wenn die Last auf die Schultern drückt? Und warum Willen und Wirken nicht voneinander zu trennen sind. **133**

8 Handeln: Wir haben die Haltung, bringen wir uns in die Handlung.

Die Problemfelder sind identifiziert, wir haben Lösungsansätze entwickelt, weggeworfen und neue Lösungsansätze gefunden, wir haben unser Rückgrat begradigt. Nun machen wir uns einen Handlungsplan, der sich gewaschen hat. **151**

Prolog

Make your mess your message!

*D*u wünschst dir, deine Probleme würden sich in Luft auflösen. Ich kann dich beruhigen: Das wird ganz sicher nicht passieren. Denn: Wünschen ist was für Feen. Das habe ich gelernt. Und: Um uns aus einer wirklich unguten Situation befreien zu können, muss der eigene Wille geweckt sein. Wünschen ist eine Weich(eier)-Variante von Wollen, es ist etwas, das wir an andere richten können, an Tinkerbell und an den Weihnachtsmann zum Beispiel. Wünschen enthebt uns immer von der Verpflichtung, etwas selbst umsetzen zu müssen. Als mein Leben meinte, mir zeigen zu müssen, dass Tinkerbell leider auch nichts mehr ausrichten kann, brauchte ich etwas anderes als einen Wunsch nach Besserung. Ich brauchte eine Mischung aus einer klugen Lösungsstrategie, Kraftaufbau, Humor und Hühnersuppe. Denn all das zusammen (und noch ein paar Geheimingredienzien dazu) ergibt Willenskraft.

Was war mir passiert?

Ich fühlte mich, als säße ich in einem Zwinger, festgezurrt an einer ausgesprochen kurzen Kette, die sich schwer um meinen Hals gelegt hatte. Es war ein Zwinger, den ich mir blöderweise selbst errichtet hatte. Gebaut aus Scheitern, Scheidung, schlechten Entscheidungen und einem mittelguten Lebensstil. Mein Leben war zu einem einzigen Kampf geworden. Ich war in etwa auf der Hälfte meines Lebensweges angekommen, jedenfalls wenn ich 90 Jahre alt werden würde (was sich zu diesem Zeitpunkt definitiv sehr unrealistisch anfühlte). Ich war so oft falsch oder halb falsch oder zu spät oder nicht konsequent genug abgebogen, dass sich die Zwingerkette mit jedem weiteren Tag immer fester um meinen Hals zog.

Ich hatte mit einer sehr guten Freundin eine Geschäftsidee umgesetzt, die leider nicht aufging. Die Konsequenz für mich: Prozesse und Schulden, die mich in die Privat-Insolvenz treiben würden, während ich die Verantwortung für zwei wundervolle Kinder und einen eigensinnigen Hund hatte. Zudem steckte ich in einer traurigen, langwierigen Scheidung. Emotional kaum auszuhalten, finanziell gar nicht.

Meine aktuelle Beziehung raubte mir mehr Energie, als ich je zu haben geglaubt hatte. Kurz, ich wurde nichts und niemandem mehr gerecht, schon gar nicht mir selbst.

Mein Job als Fernsehmoderatorin zwang mich, zwischen Hamburg und Frankfurt zu pendeln: Ich hatte zu wenig Zeit für das, was ich wirklich liebte: für meine Kinder, für das Schreiben, dafür, Menschen zu begleiten und zu coachen.

Und dann war ich über viele Monate hinweg auch noch dauerkrank, jeder absurde Infekt schaffte es, mich umzuhauen, und kein Keim ging freiwillig an mir vorbei, mein Immunsystem hatte in etwa die Kraft des gegenwärtigen Weltfriedens.

Apropos Kraft. Was war das noch mal?

Jeder einzelne Aspekt meines Lebens fühlte sich für sich genommen schon nicht gut an. Alle zusammen: mein Käfig, nebst der Kette, die sich um meinen Hals zog.

Das war er also, mein Tiefpunkt, meine Grundberührung. Ich wollte mich befreien. Ich musste mich der Situation stellen und entscheiden. Musste mein Leben selbst gestalten.

Du siehst: Ich bin Expertin darin, wie wir uns in verstrickte Situationen bringen. Und inzwischen bin ich quasi Vollprofi in *Wie kriegen wir uns da wieder raus?* Wie schaffen wir den Schritt vom Wünschen ins Wollen?

Dazu müssen wir verstehen lernen, wie wir unsere Hirne ausmisten, unsere Gedanken wahrnehmen und uns so einstellen können, dass wir in eine gute, gesunde, befreiende Handlung kommen. Wir brauchen Werkzeuge, mit denen wir unseren inneren Weg freibekommen. Wir müssen Entscheidungen treffen. Sie überprüfen. Und konsequent nach ihnen leben. Ganz ohne Feen.

Ich bin, wie eben erwähnt, nicht nur Fernsehmoderatorin, ich bin vor allem Beraterin und Coach (für andere offensichtlich sehr viel besser als für mich selbst). Ich sehe um mich herum so viele Menschen, die in ihren Käfigen sitzen, regungslos und unfähig, sich selbst daraus zu befreien. Ich sehe all die ungesunden Situationen, in die wir uns bringen, wenn uns noch nicht bewusst geworden ist, wie Freisein und Klarheit, wie Haltung, wie unbedingter Wille geht. Diese Menschen kommen manchmal zu mir ins Coaching. Sind in meinem nahen Freundeskreis. Bestimmen unsere Gesellschaft. Lenken unsere Firmen, Schulen, Universitäten.

Woraus bestehen deine Zwingerwände? Job weg? Liebe weg? Familie weg? Das Pluszeichen auf dem Kontoauszug verloren? Keine Lebensvision? Kein Sinn? Eine Krankheit, ein Pflegefall, beruflich im falschen Umfeld? Oder, wie bei so vielen von uns, die vollkommene Erschöpfung durch permanenten Erfüllungszwang und Leistungsdruck? Vielleicht kommt ja auch bei dir, so wie bei mir, einiges davon zusammen. Und du wünschst dir eigentlich etwas ganz anderes. Vergiss es, mit Wünschen wird das nichts!

Make your mess your message! Dies ist kein Ratgeber und schon gar kein Anti-Feen-Buch. Ich erzähle dir meine ungeschönte Geschichte sowie die Geschichte von zwei wunderbaren Menschen. Von fest zu frei. Vom Wünschen zum Wollen. Meine Methode, unsere Leben in Angriff zu nehmen und zu drehen, liegt wie ein Fundament unter diesen Erzählungen. Sie ist die Hand, mit der ich mich selbst Schritt für Schritt aus dem Käfig befreien konnte. Mit meinem Buch reiche ich dir diese Hand, um dich in ein außergewöhnliches, ein befreites Leben zu geleiten. Dies ist nicht nur ein Buch. Dies ist ein Prozess, den du mit der Lektüre in dir anstößt. Verfolge ihn. Konsequent. Und mit mir zusammen. Ich will dich ermutigen! Von Wunsch zu Willen.

Wir müssen gemeinsam unsere Kraft trainieren, uns auseinandersetzen – immer mit dem Gruseligsten zuerst –, dürfen nichts mehr verdrängen. Wir entscheiden uns dafür, nicht mehr geliebt werden zu *müssen*, und dafür, uns selbst zu wählen. Wir entscheiden uns, zu entscheiden. Und bei unseren Entscheidungen zu bleiben. Wir entscheiden uns dafür, nicht nachzulassen.

Die schlechte Nachricht: Es gibt keinen entspannten Weg heraus aus unserem Zwinger. Die gute Nachricht: Es gibt einen Weg.

Wladimir Klitschko, der große Boxer, mit dem und mit dessen Team ich zum Glück oft zusammenarbeite, hat einmal gesagt: Willenskraft frisst Motivation zum Frühstück. Wie wahr! Ich ergänze: Willenskraft frisst Zwingerwände. Pass mal auf!

I

Annehmen:
Wie ist unsere Lage?

Von unbewusst zu bewusst. Der erste Schritt
Richtung Klarheit. Ansehen, was ist: Bestandsaufnahme
mit Erkenntnisblitzen und Aha-Momenten.

*H*ast du jemals die kurze, wunderbare Weisheit von *Eat the frog first* gehört, also, dass man bestens damit beraten ist, die dickste Kröte zuerst zu schlucken, immer das Unangenehmste als Erstes zu tun. So ist es auch mit diesem Buch und mit deinem und mit meinem ersten Schritt in die Klarheit: Wir fangen mit dem unangenehmsten Teil an. Mit dem Teil, der bei mir so lange gedauert hat, dass ich in meinem selbst errichteten trüben Käfig fast ernsthaft krank, beinahe depressiv wurde. Der Teil, der bei uns allen viel zu lange dauert – denn würden wir nicht so lange zögern, wäre unser Käfig nicht so massiv und der Weg hinaus nicht so komplex geworden. Wir warten zu lange. Und damit sollte bei uns beiden – bei dir und mir – jetzt Schluss sein. Schlucken wir also die dickste Kröte.

Ich würde sicher gerade nicht durch diese Zeilen mit dir sprechen, wenn du nicht vermuten würdest, dass du dich in einer unguten Situation befindest, in der Feenstaub und Wunschzettel als Lösungsansatz nicht mehr genügen. In einer Situation, die dir zeigt, dass dein Leben freier sein sollte und könnte, die dich dazu gebracht hat, dass du dein Leben zum Besseren klären willst. Diese vage Vorahnung tragen unendlich viele Menschen auf diesem Planeten in sich. Unendlich viele, die sich (noch) nicht trauen, endlich genau hinzusehen. Die sich irgendwo zwischen Überforderung und Selbstverleugnung an zu kurzen Zwingerketten gefesselt haben. Ganz genau so war es bei mir auch. Diese Ahnung hat mich lange begleitet, mal war sie klarer, mal konnte ich sie wieder zurück auf die stille Treppe setzen und verdrängen. Ahnung lässt sich verdrängen, echtes Bewusstsein nicht. Aber wir benötigen Bewusstsein, um unser Gehirn auf Befreiung und Stärke einzustellen. Bewusst-Sein. Volle Pulle.

Es gibt keine schwerere Aufgabe, keine größere Herausforderung, als uns selbst zu verändern. Also wirklich, ernsthaft und nachhaltig zu verändern. Unser Gehirn sucht immer wieder die eingefahrenen Muster. Wir sind obenrum so gebaut. Unser Gehirn will, dass wir überleben. Und platt gesagt: Es reproduziert also das, was uns gestern überleben ließ. Neues Verhalten verunsichert – deshalb ist es so wahnsinnig schwer, unsere neuronalen Muster zu überlisten und die alten Verhaltensweisen loszuwerden.

Um diesen Veränderungsprozess überhaupt ernsthaft angehen zu können, benötigen wir einen starken Antrieb – und diesen Antrieb finden wir in dem Gefühl, so nicht weitermachen zu können. Dafür müssen wir unserer ungesunden Situation leider direkt in ihr unschönes Gesicht blicken. Nicht nur kurz, um gleich wieder wegzusehen. Sehen wir sie uns in ihrer ganzen, zerfurchten Tiefe immer wieder an, akzeptieren wir, dass genau diese Situation gerade unser Leben ausmacht, lernen wir, mit ihr umzugehen, um sie dann, ganz langsam, Schritt für Schritt aufzulösen.

Das Ent-Verdrängen hat mich zunächst unheimlich viel zusätzliche Kraft gekostet – und ich war auf die sehr direkten Erweckungs-Worte einer sehr direkten Frau angewiesen, nicht, weil ich in einer klassischen Midlife-Crisis steckte, wie man vielleicht reflexhaft denken könnte, sondern weil mein Leben nicht mehr stimmte.

*Kleiner Klischee-Exkurs in Midlife-Crisis bei Herren und
Damen*

*Bei Herren in meinem Alter wird ja oft zur Krise, was wir
Frauen längst angenommen haben – beziehungsweise, was
bei mir als Krisengrund nur nebenbei mitlief, weil meine
anderen Krisengründe beherrschender und größer waren.
Bei den nicht mehr so jungen Jungs ist es schlicht das erste
echte Bewusstsein für das eigene Alter. Die erste Ahnung
der eigenen Vergänglichkeit. Das Testosteron nimmt ab
40 deutlich ab, vielleicht wächst der Bauch, vielleicht
verabschiedet sich mit der ständigen Lust auf Sex auch das
Haupthaar ganz langsam. Das, was die Midlifecrisis beim
Mann auslöst, sind die ersten körperlichen Merkmale des
Alters und Alterns, das viel beschriebene Gefühl von* Was
kommt denn jetzt noch für mich, habe ich schon alles
erreicht? *Sinnfragen, bei denen man den Männern gern
zurufen möchte: Warum habt ihr euch das nicht schon vor
15 Jahren gefragt? Und warum habt ihr eigentlich auf
einmal genug Zeit, um über so etwas nachzudenken?*
   *Die Herren scheuen in ihren Krisen oft kein Klischee.
Sie legen sich ein Motorrad zu. Oder eine unanständig
junge Geliebte. Oder beides. Sie machen absurd viele
Push-Ups oder quälen sich durch Bikram-Yoga-Challen-
ges, tragen auf einmal Baggy-Jeans und glauben, Long-
boardfahren könne man auch jenseits der Vierziger noch
lernen (was dann leider meist albern aussieht und zu sehr
unschönen Handgelenksfrakturen führt). Oder die
Herren sind einfach nur unleidlich. Manchmal sind sie
alles zusammen.*

*Geraten Frauen irgendwann zwischen Mitte 30 und
Mitte 50 in eine Krise, dann ist diese meiner Erfahrung*

nach sehr viel existenzieller, umfassender und vielschich-
tiger. Oft geht es nicht um irgendein Ego-Ding, im Sinne
von Ich will schnell irgendwas Verjüngendes in mir, an
mir, um mich herum. *Natürlich streifen uns Frauen solche*
Gedanken auch. Natürlich verschieben sich unsere
Hormone. Und natürlich gäbe es die vielen Botox-
Gesichter nicht, wenn wir uns nur um existenzielle Dinge
sorgen würden. Aber wenn wir, nicht mehr jung und
noch nicht alt, in eine Krise geraten, dann ist die Stirn-
falte eher unser kleinstes Problem.

Ich behaupte, Frauen bauen sich – um im Bild zu blei-
ben – komplexere Zwinger. Und trauen sich erst viel
später als Männer, wirklich zu wollen. Die Mischung aus
langer Überforderung, alle Bälle immer in der Luft
gehalten zu haben, die eigenen Grenzen nicht gesetzt zu
haben und dem Rest der Welt, vor allem den Chefs, den
Kerlen und den Kindern, erlaubt zu haben, ständig über
uns rüberzulaufen, die sich nur langsam wandelnden
Rollen (als Mutter gebraucht, als Frau weniger gesehen,
im Job unfrei – mal mehr, mal weniger erfolgreich), die
hormonelle Gesamtschieflage, die permanente Erschöp-
fung, das Gefühl, niemandem und vor allem nicht sich
selbst gerecht zu werden, die verzweifelten Versuche,
irgendein Gleichgewicht zurückzuerlangen, das ständige
Scheitern als Ehefrau, als Mutter, als Tochter, als Freun-
din, als Karrierefrau, als Personal Assistent to Everybody.
Und dann kommt irgendein meist selbst verzapfter Mist
obendrauf.
  Eat the frog first: Diese Käfig-Situation zu akzeptieren
ist zunächst gruselig. Eine fette Kröte, die wir schlucken
müssen. Mit Schmerz, Scham und blanker Angst zeigt
sich uns unsere Misere in ihrer ganzen Größe und zu

befürchtenden Kraft – und ich weiß genau, dass es sich lange viel richtiger anfühlt, die Augen zuzukneifen und leise ein Lied in Moll zu pfeifen, als die Kröte zu schlucken.

Diese Gemengelage aber, die unser Leben im Griff hat, gibt uns allen – Männern und Frauen, Unfreien und tatsächlich Midlife-Crisis-Geschüttelten –, wenn wir es richtig angehen, zugleich die Chance, uns zu retten, uns herauszuziehen aus all dem Unsicherheitssumpf und zu einem strahlenden, stabilen, selbstbestimmten Menschen zu werden. Im Leben, im Lieben, im Arbeiten. Sie gibt uns die Chance, uns selbst zu wählen, unsere Willenskraft zu entdecken und uns mit ihrer Hilfe groß zu machen.

Bahnen wir uns unseren eigenen Weg. Ich habe das geschafft. Du wirst es auch schaffen.

Das Annehmen meiner eigenen Misere war erst mal verdammt gruselig. Ein fetter Frog, den ich schlucken musste, der begleitet wurde von Schmerz, Angst und Scham. Zu lange hatte es sich für mich folgerichtiger angefühlt, meine müden Augen zusammenzukneifen und leise ein Lied in Moll zu pfeifen.

Meine Scheidung dauerte viel länger, als notwendig gewesen wäre. Jedes Mal, wenn ich eine Mail von meinem Anwalt bekam, an die ein Schreiben der »Gegenseite«, wie es so schön heißt, also ein Schreiben meiner verlorenen Liebe, angehängt war, zog sich alles in mir zusammen. Ich wollte das nicht mehr lesen. Ich wollte auch nicht mehr mit der »Gegenseite« sprechen, denn der juristische Ton war so schneidend kalt, dass ich fürchtete, innerlich zu erfrieren. Ich wollte mich schützen. Doch es gelang mir nicht. Wie bei meinen anderen Problemfeldern – geschäftliches Desaster mit Prozessen und Steuerschulden, Kraftakt-Beziehung, gesundheitliches Debakel, Zerrissen zwischen zwei Jobs – wollte ich mich vor jeder einzelnen Mist-Situation dadurch schützen, dass ich sie mir nicht umfänglich und ehrlich klarmachte und stattdessen den Kopf in den klammen Sand steckte. Ich wünschte mir einfach, alles würde vorbeigehen. Haha!

Und mit genau diesem Muster, mit diesem Verantwortungs-abgebenden Wünschen glitt ich unbemerkt immer tiefer rein in den Käfig.

Kennst du das?

Uns fehlt schlichtweg der Mut, uns all das einzugestehen, was ist. Und der Wille, es zu lösen. Unser Bewusstsein ist eine vielschichtige Angelegenheit: Wenn wir es aufbauen und trainieren, lässt es uns fliegen. Wenn wir es verkümmern lassen, nimmt es uns Mut, Klarheit und Selbstliebe, und es begibt sich mit uns auf eine Fahrt gegen die Wand. Ich kann heute sagen: Wir waren sehr knapp vor der Wand, mein Bewusstsein und ich.

Bis zu diesem einen Abend, an dem ich ein Gespräch mit meiner alten, guten, gerade mehrfach erwähnten Freundin Anna in Köln führte. Zu diesem Zeitpunkt ging es mir eigentlich schon richtig schlecht. Doch ich lächelte schief und gestand es mir und dem Rest der Welt nicht ein. Meine erste Verhandlung vor dem Finanzgericht war ordentlich schiefgelaufen. Ich hatte mich in meiner Beziehung selbst ausgelaugt, mein einst so positiver Scheidungsanwalt sprach und schrieb nur noch in einem mitleidigen Flüsterton mit mir. Meine Kinder fehlten mir, wenn sie nicht um mich waren. Ich fühlte mich so schlapp, dass meine Gliedmaßen sogar im Ruhezustand wehtaten. In den vergangenen Monaten war ich mehr krank als gesund gewesen. Ich konnte nicht mehr gut schlafen, manchmal gar nicht erst einschlafen, manchmal schreckte ich stündlich auf und grübelte. Die Klassiker unter den Schlafstörungen eben. Tagsüber verspürte ich oft einen Kloß im Bauch – mein klares Körpersignal dafür, dass hier etwas gerade überhaupt nicht mehr stimmte. Ich hatte Herzrasen und häufige Kopfschmerzen. Und diffuse Durchfälle (ja, eine sehr schöne Information). Das war mein »Normalzustand« geworden, falls mich nicht gerade irgendein absurder und hoch exotischer Keim niedergestreckt hatte. Ich spürte deutlich, dass es nicht gut war, wie es war. Aber ich war wie gelähmt, unfähig, mich zu bewegen, noch unfähiger, mich selbst zu retten. Mein Bewusstsein hatte meine Klarheit und meinen Mut kassiert, und ich war ohne die beiden eingesperrt.

Wenn mich jemand, wie an diesem für mich so wichtigen Abend meine Freundin Anna, fragte, wie es mir ginge, musste ich mit den Tränen kämpfen, denn es war mir längst alles zu viel geworden. An diesem Abend in Köln, bei meiner zwingererprobten Freundin Anna, verlor ich den Kampf gegen die Tränen. Alles, was sich aufgestaut hatte, brach aus mir heraus.

Anna und ihr Freund Tim hörten sich meine Geschichte an. Ich war ehrlich. Endlich ehrlich. Ich habe keine unschöne dunkle Ecke ausgelassen, kein Detail, auch wenn es mir noch so unangenehm war, habe ich verschwiegen. Es war, als hätte ich auf diese Frage, diesen Moment, diese beiden Menschen gewartet, um mir endlich alles eingestehen zu können. Um es endlich rauszulassen. Um mich meiner Riesenangst zu stellen.

Anna und Tim hörten zu, sahen sich manchmal kurz an, sagten nichts. Als ich alles herausgelassen hatte, dauerte es einen Moment, bis meine Freundin die Stille brach. Anna sagte, in ihrer zauberhaften Ruhrpott-Klarheit: »Petra, du sitzt ganz schön in der Scheiße!«

Genau jetzt konnte ich es annehmen. Anna hatte mit diesem, ihrem Satz mein Bewusstsein eingeschaltet. Und den ersten Schritt Richtung Willenskraft gebahnt. »Ja, in der Riesenscheiße! Und ich weiß gerade einfach nicht mehr weiter!«

Erste Erkenntnis, die uns unbedingt wachrütteln sollte: körperliche Anzeichen. Je schneller wir aufhören, diese Anzeichen, diese Zaunpfähle, mit denen uns unser Körper verzweifelt zuwinkt, zu ignorieren, desto früher kommen wir aus unserem Zwinger heraus, ohne ernsthaft krank zu werden. Bei mir hätte es ganz sicher nicht mehr lange gedauert, bis ich zusammengebrochen wäre.

Welches sind also die körperlichen Anzeichen, die wir ernst nehmen müssen? Schlafstörungen, Ohrengeräusche (auch wenn deine Ohren zugehen, als hieltest du deinen Kopf unter Wasser), Verdauungsstörungen, Augenzucken, Spannungskopfschmerzen und Migräne, Muskelkrämpfe, Schwächeanfälle, Kreislaufstörungen, Heißhunger oder Appetitlosigkeit, Übelkeit. Und manchmal auch nur das ausstrahlende Ziehen im Bauchbereich. Unser Körper sucht sich immer wieder neue Wege, um uns zu warnen.

Es gibt keine Unstimmigkeiten, keine doofen Situationen, keine Seelenschmerzen, die keine körperlichen Symptome zeigen! Wir benötigen nicht sofort eine Lösung, erst einmal soll es uns darum gehen, diesen Anzeichen einen Moment Aufmerksamkeit zu schenken. Auch wenn Verdrängung selbst hierbei naheliegend wäre – gerate nicht in Versuchung! Nimm wahr, was da in dir los ist. Sei dein eigener, innerer Spürhund und suche das explosive Zeug in dir, bevor es hochgehen kann.

Wenn wir es schaffen, uns mit unserem Körper auseinanderzusetzen und seine Zeichen zu verstehen, dann haben wir einen ersten kleinen Schritt in Richtung Bewusst-Sein gemacht. Ich habe dafür gefühlt Jahre benötigt, so schwer war das. Und es blieb schwer. Bevor es wunderbar werden konnte, wollte die von Anna so zärtlich betitelte »Scheiße« vollends durchwatet werden. Davon erzähle ich dir. Und von Annas Scheiße auch. Und auch von Josephines Scheiße, einer weiteren wunderbaren Frau. Aber eine Scheiße nach der anderen, der Reihe nach. Bis das Muster klar wird.

Anna, meine Erweckungsfrau aus Köln, ist eine Expertin für Zwinger. Wohl auch deshalb war sie in diesem Moment für mich so wesentlich. Anna war über Jahre in einem sehr großen Medienunternehmen aufgestiegen und saß dort irgendwann mit in der Geschäftsführung, ohne das jemals in ihrem persönlichen Karriereplan gehabt zu haben. Natürlich als einzige Frau. Sie musste auf eine Art und Weise arbeiten und vor allem mit Menschen umgehen, die ihr selbst überhaupt nicht entsprach. Anna ist ein sehr direktes Ruhrpott-Wesen (das ist wohl schon klar geworden) und musste sich im Job hinter einem strategischen Durchsetzungsgehabe verstecken. Annas Tochter hatte in dieser Zeit heftige End-Pubertätsschübe, gleichzeitig ging Annas Beziehung in die Brüche. Und genau da startete im Management des Unternehmens, das Anna mit leitete, eine erste kleine und dann immer größer werdende Welle gegen sie. Auf einmal versuchten immer mehr Menschen, Männer, Anna aus der Geschäftsleitung hinauszudrängen. Anfänglich war Anna trotzig, kämpfte und legte überall noch ein Schippchen drauf. Aber das kostete Kraft, die Anna zu diesem Zeitpunkt schon gar nicht mehr ausreichend zur Verfügung hatte. Schließlich verlor sie ihren Kampf und verließ die Geschäftsführung. Die Niederlage zu ertragen, nachdem sie sich mit so viel Energie gegen die anhaltende Mobbing-Attacke gewendet hatte – eine innere Katastrophe.

Eine kurze Weile hielt Anna sich noch auf den Beinen, dann

fiel sie. Sie hatte keine feste Säule mehr in ihrem Leben, sie war zu lange über all ihre Grenzen gegangen, und nun sagten Körper, Geist und der traurige Rest von Anna: Stopp! Keinen Schritt weiter! Ihr Körper drehte durch, sie legte sich eine kapitale Autoimmunkrankheit zu, alles tat nur noch weh. Sie fiel in ein derart heftiges Burnout-Loch, dass ihre Ärztin gar keine andere Wahl mehr hatte, als sie einzuweisen. Eine ambulante Therapie hätte einfach nicht mehr ausgereicht. Und so musste Anna weg.

Ihr war eine Klinik am Chiemsee empfohlen worden, die Anna quasi verschluckte. Anna blieb in diesem Auffangbecken für die bis zum Aschestadium Ausgebrannten viele Monate. Wir alle hatten in dieser Zeit wenig bis gar keinen Kontakt zu ihr. Anna hatte sich in sich zurückgezogen und musste wieder heil werden, so viel war auch uns Außenstehenden klar. Sie war in einem Kokon, und da gab es kein Außen mehr, nur noch ganz viel im Inneren: all das Weggesteckte, die Schmerzen der vergangenen Monate und Jahre, die Angst, die Wut über die Ungerechtigkeit, ihre Verzweiflung. All das wollte angesehen und aufgearbeitet werden. Eine gigantische Aufgabe.

Wenn Anna heute, Jahre später, auf ihren fatalen Zusammenbruch blickt, dann lacht sie. Nicht, weil sie nicht ernst nimmt, wie nah sie ihrem eigenen Abgrund gekommen war, sondern weil ihre damalige Situation eine großartige Möglichkeit für sie bereithielt: dem Leid zu entkommen und in ein neues, selbstbestimmtes, für sie richtiges Leben aufzubrechen.

Eine Möglichkeit, die auch wir beide, du und ich, gemeinsam ergreifen und Wirklichkeit werden lassen wollen. Das ist unser Ziel. Anna und ihre Geschichte sind ein Beweis dafür, dass das zu schaffen ist. Wir brauchen dafür allerdings die richtigen Werkzeuge.

Und da können wir uns einiges bei Anna abgucken.

Bei meiner Ruhrpottfreundin fühlte es sich im Augenblick des Zusammenbruchs zwar an, als wäre ihr Leben pulverisiert und nichts, rein gar nichts wäre mehr gut und stabil. Aber das stimmte so eben nicht. Sie hatte zum Beispiel aus Interesse neben ihres Vollzeitjobs im Konzern ein Studium abgeschlossen und eine Coaching-Ausbildung absolviert. Sie hatte nicht all ihre Kohle rausgehauen, sondern sich eine stattliche Wohnung in Köln gekauft. Sie hatte ein sehr gutes Verhältnis zu ihrem Exmann, sodass sie wusste, dass ihre pubertierende Tochter gut aufgefangen wird. All das hatte sie sich selbst aufgebaut – und so lag sie zwar am Boden und vermochte auf der Habenseite rein gar nichts mehr zu verbuchen – aber da war eben doch noch einiges.

Die Monate in der Klinik am Chiemsee wird niemand von uns richtig nachvollziehen können. Anna beschreibt es, als wäre sie verpuppt gewesen, um wieder heil zu werden. Sie hatte jegliche Verantwortung abgeben können und müssen, ein tägliches Programm aus Therapien, in der Gruppe und alleine, medizinischen Anwendungen und viel Bewegung. Aber jede äußere Entscheidung wurde für sie getroffen. Sie musste eigentlich nur anwesend sein und mitmachen – und sich dem inneren Prozess stellen. Und genau das war die Mammutaufgabe. Nicht mehr wegzusehen. Mit aller Kraft rein in das, was am meisten Angst macht.

Sie hat viele Leute dort getroffen, in der Kokon-Klinik. Wenn sie zurückschaut, war es wie eine bunte Burnout-Klassenfahrts-Truppe: sehr viele unterschiedliche Ausgebrannte, weit weg von zu Hause, gemeinsam jeder auf sich selbst zurückgeworfen. In dieser Zeit sind sogar Freundschaften entstanden, aber wenn sich Anna heute umsieht, erkennt sie, wie viele derer, die damals mit ihr gesund zu werden versuchten, wieder abgeglitten sind in die vielfältigsten Krisen (oder gar nicht richtig heil wurden). Warum ist das so? Warum kommen manche Menschen raus aus dem Festgefahrensein? Warum gelingt anderen der Schritt zurück in die Eigenverantwortung nicht?

Was hat Anna richtig gemacht und was können wir daraus mitnehmen? Wir kommen in den nächsten Kapiteln immer wieder auf Anna und ihre beispielhafte Krisen-Bewältigungsstrategie zurück. Aber eins verrate ich dir jetzt schon, und das ist unser erstes Werkzeug.

Annehmen. Klarmachen. Bewusstwerden.

Und zwar bevor wir eine Entscheidung treffen.

Anna hat sich gestellt. Mit allem, was sie zur Verfügung hatte. Sie hat in der Klinik angenommen, sich alles ehrlich klargemacht, ist sich bewusst geworden. Und danach ist sie in diesem Bewusstsein geblieben. Sie war und ist für mich nicht nur die Frau, die mir meinen Zwinger am deutlichsten vor Augen geführt hat. Sie war und ist auch eines meiner Vorbilder dafür, meine eigene Situation nachhaltig drehen und ins Positive verändern zu können.

Anna hat mir an diesem Abend in Köln mit ruhigen Fingern die Augenlider angehoben und mich zum Aufwachen gezwungen. Ich musste annehmen: Ich sitze in meinem Zwinger, oder in der Scheiße, wie Anna so erfrischend sagte. Und mein Körper tobt bereits. Dieses Bewusstsein ist nicht mehr und nicht weniger als ein sehr mutiger Anfang, unser Leben zu drehen! Von Wunsch zu Wille, aber wie?

2

Bewusstmachen: Wir! Sind! Nicht! Gut! Zu! Uns!

Wir überfordern uns – wir gehen ständig über unsere eigenen Grenzen. Und wir müssen lernen, unsere Pausentaste wiederzufinden – jedenfalls, wenn wir gesund werden und bleiben wollen.

ie drehen wir unser Leben? Wir haben schon gelernt: Machen wir erst einmal die Augen auf! Machen wir uns nichts mehr vor. Wir brauchen Kraft und noch mehr Bewusstsein, um uns zu befreien, gerade dort, wo wir Raubbau betrieben haben. Ich verspreche dir: Es wird herrlich werden, auch wenn es sich nicht gleich so anfühlen wird.

Schau dich einmal um. Was siehst du, wenn du in die Gesichter gleichaltriger Freundinnen und Freunde siehst? Du siehst, was ich sehe: Menschen, die nicht gut zu sich selbst sind. Männer, die sich auslaugen – und Frauen noch viel mehr. Auch wenn Männer in den Burnout-Raten langsam aufholen, liegt das nach meinem Empfinden vor allem daran, dass Frauen schlicht länger und glaubhafter die Pobacken zusammenkneifen und weitermachen, obwohl eigentlich schon nicht mehr weiterzumachen ist, und Männer alle viere von sich strecken – weit eher, als Frauen so etwas je tun würden. Aber wir befinden uns ja nicht in einem Geschlechterwettkampf um den miesesten Lebensstil. Frauen und Männer sind sich in ihrem selbstmissachtenden Umgang mit den eigenen Ressourcen sehr ähnlich. Die Zahlen der psychischen und psychosomatischen Erkrankungen klettern stetig weiter – noch nie waren so viele Menschen wegen Depressionen (klinisch gesehen ist Burnout ja auch eine Anpassungsdepression) und anderer seelischer und seelisch ausgelöster Leiden so viele Tage krank wie im Jahr 2018[*] in Deutsch-

---

[*] DAK Gesundheitsreporte

land. Und da sind statistisch ja nur diejenigen erfasst, die sich krankmelden, und eben nicht noch all die High-Performerinnen und Performer, all die Selbstständigen, die zwar schon voll im Burnout sind, aber die trotzdem niemals krank machen würden. Wir wollen nicht die Diskussion führen, ob es Burnout gibt und warum Trümmerfrauen nach dem Zweiten Weltkrieg ihn nicht hatten und ihn nicht haben. Wir leben hier und heute. Und wir leben nicht gesund. Ob wir es Burnout, Depression, psychische Erkrankung oder Dauerüberforderung nennen – unser permanentes Getriebensein springt unsere Seelen an. Und das zeigt Wirkung.

Was bei uns Frauen besonders zuschlägt, ist die Vielfachbelastung. Wir haben einfach niemals genug Hirne, Augen und Arme gleichzeitig, um allen Menschen und Situationen gerecht zu werden. Dem Geliebten, den Kindern, den Jobs, den eigenen Müttern und Vätern, Freundinnen und Bossen, den eigenen körperlichen Ansprüchen und den eigenen geistigen Ansprüchen – und der ausgewogenen Bioernährung natürlich. Und den schön lackierten Nägeln, dem sehr flachen Bauch, dem attraktiv-lustigen Social-Media-Account. Es ist schlicht nicht zu schaffen, was wir uns da auferlegen und auferlegen lassen. Und wenn wir ehrlich sind, kann es auch nicht unser Ziel sein, all das zu schaffen.

Den Stress machen sich Männer anders. Klar sind sie auch unter Dauerfeuer. Aber sie lassen sich nicht so treiben von dem Gefühl, allen gerecht werden zu müssen. Weil ihnen das eben fremd ist, erkennen sie es bei ihren weit überforderten Frauen erst so spät und greifen nicht ein.

Männer lassen sich eher im Job auslaugen und erleben die Forderungen ihrer Frauen und Kinder als Tropfen, die die Fässer zum Überlaufen bringen könnten. Sie schalten an dieser

Stelle auf Durchzug und gehen zum Sport oder in die Kneipe, fahren Motorrad, daddeln oder scrollen trotzig durch ihre Linked-In-Verläufe.

Frauen versuchen nicht nur im Job, sondern in allen Bereichen des Lebens, großartig zu sein – dazu muss man uns gar nicht groß auffordern. Schützen müsste man uns manchmal – vor allem vor uns selbst.

Was hinter dieser ausgeprägten Härte gegen uns selbst steckt, ist eine wilde Mischung aus eigenen Glaubenssätzen, alten Rollenbildern und einem Übeltäter in unseren Hirnen und Seelen: dem Geliebtwerdenwollen. Später in diesem Buch, wenn wir schon ganz viel gelöst und verstanden haben, kommen wir auf ihn zurück. Aber vorher erzähle ich dir von meiner wunderbaren Freundin Josephine, die mir nicht nur optisch ähnelt, sondern auch als Wesen ausgesprochen nah ist. Sie geriet in ihren Zwinger der absoluten Unklarheit aus dieser von mir beschriebenen Mischung aus einem erschütternden Ereignis und vorangegangener, eigentlich schon Jahre währender Überforderung.

Josephine ist eine dieser Frauen, die anderen Frauen Angst machen, weil sie ein selbst für Frauenverhältnisse gigantisches Pensum wuppt. Sie ist Zahntechnikerin mit eigenem Labor, zudem promovierte Historikerin (ihre eigentliche Herzensangelegenheit) und hatte zu der Zeit des Zusammenbruchs eine freie akademische Stelle in Dänemark inne, für die sie zweimal im Monat in das dortige Historische Institut reisen musste. Sie schrieb parallel an einem wissenschaftlichen Buch und einigen Artikeln. Nebenbei war sie Mutter von zwei Kindern (als ihre Zwingerkette sie mehr und mehr würgte, war ihr Kleinstes gerade im Kindergartenalter) und Ehefrau eines umtriebigen, angesehenen und permanent arbeitenden Bankvorstandes. Sie ist eine bescheidene Person und leidet, trotz der beschriebenen Vielschichtigkeit und ihres Dauereinsatzes, immer noch unter einem Phänomen, das viele Frauen kennen, der fiesen inneren Frage: *Leisten alle anderen nicht noch viel mehr als ich?* Und zumindest vor ihrem tiefen Fall und ihrer anschließenden Erweckung neigte sie dazu, sehr hart und ausgesprochen selbstkritisch mit sich selbst zu sein. Obwohl der Rest der Welt es kaum für möglich hielt, was sie alles leistete.

Josephine versuchte jedenfalls, so viel unter einen Hut, genannt ihr Leben, zu bekommen, dass mir als Freundin zwischendurch schwindelig wurde. Und dass mir durchaus schwante, dass meine *Sista* so nicht würde weitermachen können.

Sie hätte, so zäh, wie sie ist, dieses Wahnsinnspensum aber wohl noch ein bisschen durchgehalten, wäre nicht das besagte Ereignis in ihr Leben geplatzt. Sie hatte festgestellt, dass ihr viel arbeitender Mann auf einmal noch ein bisschen später aus der Firma kam als sonst. Und war aufmerksam geworden. Um es kurz zu machen: Er hatte ein sich anbahnendes Techtelmechtel mit seiner Assistentin. Im Ernst. Habe ich nicht erwähnt, dass Männer in ihren Krisen leider manchmal zu Klischees neigen? Nun, das spart auch einen hoch angesehenen Wirtschaftsführer wie den Mann meiner *Sista* leider nicht aus. Es funkte zwischen ihm und dieser jungen Frau, die nicht im Ansatz so schön und so wunderbar war wie meine großartige Freundin. Einer, die sich nicht Arme und Beine ausriss, um das Leben der gemeinsamen Familie aufrechtzuerhalten, die nicht noch in ihrer wenigen verbleibenden Zeit mit ihren Kindern spielte und las, nicht jeden Abend ein ausgefeiltes Bio-Fair-Trade-Essen auf den schön gedeckten Tisch zauberte, die Wohnung perfekt dekorierte, sich selbst *in shape* hielt und arbeitete und ihr großes Hirn für große Dinge einsetzte.

Als Josephine das nun herausfand – klassisch, über das Handy ihres Mannes, denn auch Bank-Vorstände sind in solchen Dingen nicht schlauer –, klappte das mit gefühlt einhundert Armen aufrechterhaltene Gerüst von ihr zusammen, als hätte eine plötzliche schwere Krankheit allen Armen die Kraft genommen. Es fiel mit einem lauten Seufzer aus den Angeln. Jedes einzelne Gerüstteil begrub meine zarte Freundin schwer unter sich.

Auch hier, ähnlich wie bei meiner Freundin Anna und ihrem Burnout, schaffte es Josephine noch ein paar Monate, die akute Situation zu ertragen, doch die Gerüstteile lasteten zu schwer auf ihr. Unmöglich, sie lange zu ignorieren. Und so offenbarte sich meiner Freundin ihr Zwinger, in dem sie sich gefangen hatte, in seiner ganzen kalten Hässlichkeit.

Die erste Panikattacke kam und fällte Josephine, diese vorher so strahlende Frau. Die Angst war wie ein Sog, sie war nicht konkret, aber so stark, dass sie alles mitnahm, was bis dahin zu meiner Freundin gehört hatte. Als die erste Panikwelle abebbte, war von Josephine nur noch ein zutiefst verunsicherter, zittriger Rest übrig. Wie meine Schwesterfreundin wieder auferstanden ist, wie sie es schaffte, stärker und gesünder zu werden, davon erzähle ich dir gleich mehr.

Josephines Beispiel, genauso wie Annas und letztlich auch mein eigenes Beispiel, stehen für etwas Schwerwiegendes, nämlich für die Tendenz, uns selbst vollkommen zu überfordern. Alles nicht nur gut, sondern besser machen zu wollen, ständig erreichbar sein zu wollen, Stille mit Social Media und Netflix zu füllen, sich in endlosen Kommunikationsschleifen zu verfangen, Ruhe weder zu suchen noch aushalten zu können. Und hey, ich beschreibe mich hier auch absolut selbst. Ich lasse mich von dem ganzen Mist genauso durch mein Leben treiben. Im kommenden Kapitel, wenn es um unseren Kraftaufbau geht – denn Kraft brauchen wir, wenn wir unser Leben befreien wollen –, wird es darum gehen, wie wir Ruhe suchen und finden. Auch Ruhe können wir uns wünschen. Aber auch dieser Wunsch bringt gar nichts – wir müssen Ruhe installieren. Bewusst und ohne Kompromisse.

Einen klugen, naheliegenden Gedanken habe ich dazu unlängst bei meiner Kollegin Lisa Ortgies gelesen:

Vieles funktioniert wieder, wenn man einmal den Stecker zieht und ihn dann wieder einsteckt.

Wie wahr. Selbst das simpelste Elektrogerät braucht manchmal die heilende Pause eines mal eben kurz gezogenen Steckers und funktioniert danach wieder blendend, so als hätte es nie geröchelt oder geschwächelt. Herrlich. Und warum, wenn wir das selbst unserer Spülmaschine und unserem Internet-Rooter gönnen, schaffen wir das nicht bei uns selbst? Stecker ziehen in einer Situation, in der wir sind und in der ich schon war, in der wir unsere Überforderung erahnen. In der wir unser Leben umgestalten und selbst in die Hand nehmen wollen. Um wieder zu uns selbst zu werden. Denn bei allem Abarbeitungsehrgeiz, allen zu schluckenden Kröten, aller Zielfokussierung – auch in der Hochphase dessen, was uns gerade antreibt, brauchen wir ab und zu Stecker-zieh-Zeiten.

Katrin, meine kluge Freundin, Ausbilderin und einmal auch meine Gegnerin (das klärt sich gleich auf), sagt immer so schön: »Unser Leben ist Rhythmus. Es gibt Tag und Nacht, Wachsein und Schlaf, Einatmen und Ausatmen. Das Herz schlägt, dann macht es einen Moment Pause. Wo es Anspannung gibt, muss es auch Entspannung geben – kein Herz kann durchgehend schlagen, und ein Mensch, der nur einatmet, kommt nicht weit.«

Deshalb: Wo Strom fließt, müssen wir auch ab und an unseren Stecker ziehen. Sonst knallen wir nämlich durch, wie eines unserer Endgeräte.

Wir müssen etwas Wesentliches neu erlernen, als hätten wir gemeinsam eine kollektive Amnesie erlitten. Wir müssen lernen, unseren Fokus wieder auf uns selbst zu richten. Auf unsere physische und psychische Gesundheit, auf unseren gezwängt-gezwungenen Un-Zustand.

Ich habe dir ja eingangs schon kurz beschrieben, in welchen Un-Zuständen ich mich befunden habe, bevor ich dieses Buch schrieb und mein Leben die allerschönste Wendung nahm. Meine Kraftreserven waren mindestens so aufgebraucht wie meine finanziellen Reserven: komplett. Es gab Momente, in denen ich im Spiegel jemanden sah, der mich nur noch ganz entfernt an mich selbst erinnerte. Ich war leer. Und so sah ich auch aus. Im Übrigen als Fernsehmoderatorin kein ganz großer Spaß, und für meine Maskenbildnerin bestimmt auch eine Zeit im Zwinger.

Kannst du dir in etwa vorstellen, wie es sich anfühlt, in einer solchen Situation und mit einem Aussehen, das die ganze Misere zu verraten scheint, zunächst 40 Minuten im Fernsehsender in einem sehr hellen Maskenraum vor einem gigantisch großen Spiegel zu sitzen und von der Erkenntnis angesprungen zu werden, dass Make-up alleine nicht im Ansatz ausreichen wird, um den ganzen Schmerz und all die Unsicherheit zu übertünchen? Ich glaube, wir sehen uns nicht gerne selbst an, wenn die Themen, die uns umtreiben, so hässlich und unansehnlich sind wie die, die mich damals quälten. Die Hässlichkeit scheint dann durch. Aber ich saß da nun mal immer vor den Sendungen und war meinem eigenen Anblick ausgesetzt. Anschließend live vor die Kamera zu treten und das Gefühl zu haben, sich komplett nackt zu machen, war auch kein großer Spaß. Ich liebe Teile dieses Jobs sehr – unter normalen Umständen. Wenn es mir nicht gut geht – und das war in dieser heftigsten Zeit deutlich untertrieben –, ist er eine Zumutung. Wie wir in schwachen Situationen stark auftreten können und mit welchen Tricks ich in dieser Zeit meine Live-Sendungen überstanden habe, erzähle ich dir etwas später im Buch. Denn das ist ein wesentlicher Aspekt, wenn wir uns aus der Festgefahrenheit unseres Lebens befreien wollen. Wenn Wunsch zu Wille wird.

Mein Blick auf mich im Maskenspiegel veränderte sich, nachdem ich an Annas Esstisch in Köln meine eigene Situation zum ersten Mal realistisch gesehen und Anna mir meine Selbstwahrnehmung um die sausenden Ohren gehauen hatte. Ich sah mir auf einmal wieder bewusst ins Gesicht. Und staunte über das, was ich sah, ganz so wie wenn man jemanden nach ein paar Jahren wiedersieht. In mein älter gewordenes Gesicht zu blicken, in meine Augen, die mal größer und strahlender gewesen waren und die nun von vielen, vielen Linien umrandet waren – manche zeigten nach oben und erzählten von Spaß und von Lachen, andere, tiefe, gingen nach unten. Augen, bei denen die Maskenbildnerin inzwischen beherzt die Braue nach oben ziehen musste, um das komplette Lid schminken zu können. Mein müdes Lächeln, die nicht mehr so straffe Haut rund um die Wangen, bis hin zum Kinn. Und dann diese Stirnfalte – genauer gesagt Zornesfalte – zwischen den Augenbrauen, die von all den schwierigen Gedanken, den Sorgen, den Ängsten und Nöten erzählte, von Nächten mit schlechtem oder ganz ohne Schlaf, von Stress und Ermüdung. Diese Falte war schon mehrfach Thema in der Maske gewesen: Lass dir das doch mal botoxen, Petra. Das machen andere Moderatorinnen doch auch. (Ich traute mich aber nicht.)

Nachdem ich Anna und Tim meine ganze Misere gestanden hatte, hatte ich wieder begonnen, mich selbst anzusehen. Nicht nur gnadenlos und kritisch, wie man jemanden beurteilt, den man in Wahrheit gar nicht (mehr) schön finden will, sondern irgendwie zwischen selbstironisch und liebevoll war mein Blick auf mich in diesem riesigen Spiegel. Auf jeden Fall – und das möchte ich dir sehr gerne mitgeben – hatte sich mein Blick auf mich verändert, nachdem ich meine ungute Situation angenommen hatte. Ich gewann eine friedlichere, fürsorglichere Sicht auf mich selbst zurück. Und damit, Hand in Hand, auf einmal den Impuls, gut zu mir sein zu wollen. So gut, dass ich mich selbst trösten konnte und wollte. So gut, dass die harte Kälte, die ich durch eine Mischung aus Verdrängung und Selbstkritik mir gegenüber aufgebaut hatte, einer angenehmen Wärme wich. So gut, dass ich es mir selbst verzeihen konnte, nicht jedem und allem gerecht werden zu können, nicht perfekt zu sein – im Gegenteil, es gerade voll verkackt zu haben (verzeih meine Wortwahl, aber so war es). Das war der eigentliche Wendepunkt, von dem aus ich aus dem undurchlässigsten aller Zwinger zurück ins Licht klettern konnte: das Gefühl, für mich selbst da sein und bei mir selbst sein zu wollen, auf meiner eigenen Seite stehen zu können und mich nicht mehr länger selbst fertigmachen zu müssen. Ich war wieder ein Teil von Team Petra geworden.

Wann hast du das letzte Mal liebevoll auf dich gesehen? Liebevoll auf dein sich veränderndes Ich. Auf deine Falten, auf die Spuren, die dein bisheriges Leben hinterlassen hat? Mach das. Genau jetzt. Suche dir einen Spiegel. Nimm dir einen Stuhl. Setz dich und sieh dich an. Nimm dir ein paar Momente, ein paar Minuten, so viel Zeit du benötigst. Finde dich. Wieder.

Wir brauchen, gerade wenn wir in Situationen gefangen sind, den warmen Blick auf uns selbst. Mit unseren massiven Anforderungen an uns selbst müssen wir raus aus der Selbstkritik-Schleife, raus aus dem Kreislauf der immer stärker werdenden Selbstvorwürfe, aus dem Gefühl, dem eigenen Anspruch nicht mehr gerecht zu werden. Nur dann – und das ist wesentlich – können wir wieder gut zu uns sein. Das müssen wir lernen, bevor wir beginnen, unsere Problemfelder zu lösen. Erst kommt die (Willens-)Kraft zu uns zurück, dann machen wir uns auf den Weg und rocken unser Leben. Du wirst es sehen. Und fühlen. Dazu ist das nächste Kapitel ein entscheidender Baustein.

3

Kraft aufbauen:
Die sechs Wichtigen für
die eigene Stärke:

Bewegung, Ernährung, Schlaf, ein ruhiger Geist,
Kreativität und ein guter Lebensrhythmus:
Aus diesen sechs wird die Willenskraft, mit der wir
uns selbst bestimmen.

*E*ine der schönsten Erkenntnisse auf dem Weg in die komplette Befreiung: *Wir können uns jeden Tag, ja sogar in jedem Moment, immer wieder neu entscheiden.* Und uns selbst neu wählen. Das klingt wahnsinnig simpel und kalenderspruchig. Aber es ist wahr. Mein Leben, ebenso wie die Leben der Menschen, von denen ich schon erzählt habe, und all derjenigen, denen ich schon helfen durfte, beweisen das. Als nichts mehr ging, habe ich mich neu gewählt, neu erfunden. Und das war auch dringend nötig.

Eine wichtige Frage, die wir uns stellen müssen:

Worauf lenken wir unsere Aufmerksamkeit? Was soll unsere Realität sein? Wenn wir das für uns erkannt haben, können unsere Hirne gar nicht anders, als uns genau dorthin zu lenken.

Was ich für diese neue Realität vor allem benötigte (und da sind wir uns alle sehr ähnlich): Kraft. Die fliegt uns nicht gerade zu, wenn wir uns in Ketten gelegt haben und japsen. Wir müssen erst einmal die letzten Fitzelchen Kraftreserven in uns aufspüren und sie ganz langsam, mit viel Eigenfürsorge wieder größer werden lassen.

Aus Ungesundem entsteht nichts Gesundes.

Wenn wir uns erfolgreich befreien wollen, wenn wir dauerhaft erfolgreich, leistungsfähig, gesund und glücklich sein wollen, dann müssen wir an 6 Bereiche heran. Wenn wir Wünsche auf Geburtstage und Weihnachten beschränken, dann müssen wir damit beginnen, zu wollen und umzusetzen. Wir müssen uns trainieren. Körperlich. Mental. Spirituell. Emotional. Auch wenn uns das eine näher liegt als das andere – um uns aus einer Käfig-Situation zu befreien, brauchen wir Kraft auf jeder Ebene. Diese Kräfte zusammen bilden unsere Willenskraft. Und wir werden unschlagbar.

Jüngste Forschungen zeigen uns etwas sehr Beruhigendes, wenn es um unsere Gewohnheiten geht: Wollen wir eine neue Gewohnheit etablieren, müssen wir das 21 Tage lang mit reiner Disziplin machen. Danach ist es zur Gewohnheit geworden und kostet uns keine zusätzliche Überwindung mehr. Das ist großartig, denn drei Wochen lang bekommen wir unsere Disziplin an den Start und unseren noch so fetten inneren Schweinehund auf die stille Treppe gesetzt. Jeden einzelnen Teil unseres jetzt vor uns liegenden Kraftaufbaus müssen wir lediglich 21 Tage lang mit reiner Disziplin in unsere Tagesabläufe einbauen und es durchziehen. Danach ist es Gewohnheit – und es kostet uns deutlich weniger Kraft, sondern gibt uns sogar Kraft. 21 Tage! Das ist: machbar!

Wir starten jetzt.

1. Bewegung

Ich habe das große Glück – und ich bin sicher, dass das Teil meiner Rettung war –, dass ich Läuferin bin. Ich habe vor 20 Jahren, als mein Vater starb und ich mit dem Rauchen aufhören wollte (nicht das letzte Mal), angefangen zu laufen. Und eigentlich nie wieder damit aufgehört – wie einst Forrest Gump. Ich startete damals mit 10 Minuten, in einem Tempo, für das ich auch Pumps hätte tragen können; ich war langsamer als jeder 85-jährige hüftimplantierte Nordicwalker. Abwechselnd 10 Minuten laufen und 10 Minuten gehen. Und so weiter. Und dann steigerte ich mich mehr und mehr. Seit diesen Tagen jedenfalls laufe ich fast immer, fast jeden Tag, außer, irgendetwas Körperliches oder Zeitliches steht dagegen. Das wurde zu einem Rettungsanker, als mein Leben bissig wurde. Denn auch in den Tagen, in denen ich meine Welt zusammenbrechen sah und dachte, dass ich nie wieder würde glücklich sein können, bin ich gelaufen. Und damit habe ich mir, ganz unbewusst, einen großen Gefallen getan. Denn durch das Laufen habe ich mir nicht nur Zeit genommen, die ich dann mal mehr, mal weniger exklusiv für meine Problemlösungen hatte. Ich habe mir vor allem hormonell extrem unter die schwachen Ärmchen gegriffen. Durch die regelmäßige Bewegung an der frischen Luft konnte mein Körper einen Teil der Stresshormone abbauen, von denen ich zu dieser Zeit bis unter die Haarspitzen geflutet war. Das habe ich so nicht gespürt, es hat aber ganz sicher dazu geführt, dass ich irgendwann die Rest-Kraft gefunden habe, mit der ich mich aus dem ganzen Mist befreien konnte. Ich spürte auch: Wenn ich mich nicht bewege, breche ich zusammen.

Noch etwas war und ist bei mir günstig (ohne dass ich das in der Hochzeit meiner Krise hätte sehen können): Ich bin ja schon seit vielen Jahren nicht nur Fernsehmoderatorin, sondern vor allem Coach und Consultant. Ich weiß also eigentlich, dass es wissenschaftlich klar belegt ist, was für einen Unterschied Bewegung macht. Ich weiß, wie Selbstfürsorge aussieht, was in unseren Hirnen abgeht, wenn wir unter Stress geraten, wie wir Ziele setzen und erreichen können, wie Willenskraft funktioniert. Natürlich konnte ich mich in der harten Zeit, in der bei mir eines zum anderen kam, nicht selbst coachen, therapieren oder beraten. Aber mein Wissen um die inneren Prozesse half mir, im Nachhinein vieles besser aufarbeiten zu können, und es blitzte, gerade was den Teil der Selbstfürsorge betraf, immer wieder durch.

Was wir wissen:

Zahlreiche Studien zum Zusammenhang von psychischer Gesundheit und körperlicher Bewegung haben nachgewiesen, dass Stress durch Bewegung abgepuffert und abgebaut werden kann, dass körperliche Krisen-Symptome wie Schlafstörungen, Herzrasen, Verspannungen, Kopfschmerzen und vieles mehr abgemildert werden. Bewegung steigert das Selbstwertgefühl und stimuliert positive Gedanken – auch in Zeiten, in denen positive Gedanken eigentlich nicht (mehr) existieren. Die ausnehmend positiven Wirkungen von Bewegung in Trauer, Trauma, Misere, Liebeskummer, Wut und Stress sind keine Einbildung und auch keine Marketingstrategie von Sportartikelherstellern. Es gibt sie. Sport hilft gegen Depressionen. Bewegung beugt vor, was irgendein Wechseljahre-Symptom uns irgendwann antun kann und auch antun wird: Hitzewallungen, Heißhunger, Abgeschlagenheit. Wenn du frühzeitig beginnst, Sport (wieder) in dein Leben zu bringen, dir eine gewisse Regelmäßigkeit an Bewegung anzugewöhnen, wirst du ausschließlich positive Auswirkungen auf dich bemerken. Und die brauchen wir ganz dringend.

Dabei geht es nicht darum, den nächsten Marathon zu rocken. Denn auch das ist wissenschaftlich belegt: Wenn Bewegung durch übersteigerte Zielsetzungen zu zusätzlichem Stress wird, ist sie logischerweise kontraproduktiv. Wenn wir uns hetzen und bestimmte Zeiten erlaufen, Kilometer erschwimmen oder Höhenmeter erklimmen wollen, dann verpufft der so heilende Abbau von Stresshormonen, weil sofort neue ausgeschüttet werden. Es geht vielmehr darum, in Bewegung zu kommen, die nichts mit Leistung zu tun hat. Wusste ich eigentlich. Und meldete mich in der schlimmsten Phase trotzdem zum Marathon an. Du wirst noch lesen, warum. In jedem Fall: Spitzenidee, Petra!

Du bist wahrscheinlich gerade nicht in der Topform deines Lebens, denn meistens sind die, die in Topform sind, weder gefangen noch total unklar. Wenn wir innerlich nicht ausbalanciert sind, dann sind wir es äußerlich in der Regel ebenfalls nicht. Jedenfalls war es bei mir so, trotz meines Laufens. Aber du musst, was ich musste, was meine Klienten auch müssen, wenn sie raus wollen aus ihrem unklaren Leben: ehrlich reflektieren, wo du dich körperlich gerade befindest. Ich habe mich also hingesetzt und mir folgende Fragen beantwortet. Das machen auch meine Klienten im Coaching, wenn sie ihre körperliche Verfassung verbessern wollen. Also, schreibe dir mal kurz das Folgende auf – und nimm es ganz bewusst wahr.

Auf einer Skala von 1 – 10 (1 = minimal, 10 = großartig)
– Wo sehe ich meine momentane körperliche Fitness?
– Welche Bewegungsform, welche Sportart tut mir gut, mag/mochte ich?
– Was habe ich in der Vergangenheit besser und mehr gemacht, als ich mich als deutlich fitter empfunden habe?

Im ersten Moment wird dich so eine Reflektion zusätzlich nerven und piesacken. Aber wir wollen ja besser zu uns sein, als wir es in den vergangenen Wochen, Monaten, vielleicht Jahren und Dekaden gewesen sind. Besser als die Versionen von uns selbst, die uns in den Käfig setzten und uns die Chance auf Bewegung nahmen. Durch die ehrliche Beantwortung dieser Fragen kannst du auf eine Bewegungsform kommen, die dir mehrheitlich guttut. Ob das spazieren gehen, Apnoetauchen in der Badewanne oder Tennis spielen ist – oder, wie bei mir, laufen: völlig egal. Wichtig ist nur: Wir müssen diese Bewegungsform in unsere Handlungspläne mit aufnehmen und uns die ersten Tage und Wochen nötigen – jawohl: NÖTIGEN –, in diese Bewegung hineinzukommen.

Ich kenne die ganzen Geschichten: Ich schaffe das nicht! Morgens bin ich zu sehr im Stress, abends bin ich zu müde. Am Wochenende brauche ich auch mal Ruhe. Schon klar. Aber nein: Jeder, wirklich jeder schafft es, Bewegung in sein Leben zu integrieren. Auch wenn deine Willenskraft noch flach und kurzatmig am Boden liegt: FANG! AN!

Und wenn du es noch nicht sofort schaffst, Sport in dein Leben einzubauen, fein, dann baue zumindest Bewegung ein. Vertraue darauf, dass das allein schon Gutes mit dir macht! Hole dein Fahrrad raus und überlege dir gut, welche Einkäufe, Termine, Tagesordnungspunkte du mit dem Rad erledigen kannst. Nimm Treppen statt Rolltreppen und Fahrstühlen. Wenn du, wie ich vor Corona, viel fliegst, dann nutze die langen Flughafengänge, um deinen Puls ein bisschen nach oben zu bringen, und gehe zügig. Versuche, deine Schrittlänge deutlich zu vergrößern und zusätzlich das Tempo zu steigern. Das kann man sogar mit einer halben Tonne Handgepäck an der Schulter oder einem Trolley in den Hacken. Leih dir am Wochenende einen Hund aus dem Freundeskreis, solltest du keinen eigenen haben, und mache einen ausgedehnten Spaziergang oder langsamen Lauf mit ihm. Spiele mit einem Kind aus deinem Freundeskreis oder deiner Nachbarschaft, wenn du kein eigenes Kind hast, und spiele Fangen, Ticken, Verstecken, Brennball, Fußball, Basketball, was auch immer. Lade dir einen Podcast herunter und nutze eine Stunde, den Podcast auf dem Rad, dem Crosstrainer, zu Fuß, beim Laufen, auf der Rudermaschine, beim Stand-Up-Paddeln zu hören. Egal wie und was – erzähle mir und vor allem dir nur nicht, du würdest es nicht schaffen. Bewege dich! Jeden Tag ein bisschen. Jeden Tag ein bisschen mehr. Ganz bewusst.

Bewegung ist der Turbo, den wir brauchen, um uns wieder zu spüren und um unsere Willenskraft wiederaufzubauen. Dabei gilt, was ich bis heute selbst noch zu wenig beachte: Versuche, deine Bewegungen zu variieren. Ein bisschen Ausdauer, ein bisschen Kraftaufbau, ein bisschen Flexibilität.

Bewegung ist aber nur einer der 6 Teile des Kraftaufbaus. Wir bleiben bei unserem Körper. Der nächste Aspekt, den du in den kommenden 21 Tagen mit Disziplin umbaust, bis er Gewohnheit ist:

2. Essen und Trinken.

Wir kommen zum Thema Verdauung zurück. Ich habe dir ja schon erzählt, dass ich in meiner dunkelsten Zwinger-Phase Tage und Wochen hatte, in denen mein Verdauungssystem komplett durchgedreht ist. Mal hat es überfunktioniert. Mal tagelang gar nicht. Dazu Heißhunger oder Appetitlosigkeit – meist in lustigem Wechsel –, also durchaus klassische körperliche Symptome für Stress. Allein das hat zu einem riesigen Unwohlsein bei mir geführt. Und es ist mir verdammt schwergefallen, mein Ess- und Trinkverhalten genau zu betrachten und für mich zu verändern.

Essen ist für mich, wie leider für so unendlich viele Frauen, die das nie zugeben würden, eh ein gestörtes Thema. Das hängt vor allem mit meinem erwünschten Körperbild zusammen. Das war anfänglich noch ganz gesund. Klar, ich hatte mit 16 angefangen, ein bisschen zu modeln. Aber ich war eh nie groß genug, und dünn genug war ich als Teenie auch immer nur in den Wachstumsphasen.

Jedes Mal, wenn ich in die Agentur musste, um vermessen zu werden, und meine Taille hatte gerade eine Wachstumsphase hinter sich, war mir das unangenehm, aber es tangierte mich noch nicht so sehr. Noch ging ich entspannt mit meinem Körper um, Waagen interessierten mich genauso wenig wie die Maßbänder der Model-Booker. Ich aß gerne, intuitiv und ungestört – im wahrsten Wortsinn. Ich war ein normal gebautes Mädchen mit vielen Ideen und klaren Meinungen im Kopf, meine Optik war mir noch völlig egal, und so nahm ich das Modeln auch überhaupt nicht ernst.

Meine Entspanntheit verlor ich dann später leider – und zwar komplett, als ich mich mit 19 Jahren, direkt nach dem Abitur, in die Welt der Schönen und (einigermaßen) Schlauen begab – in die Fernsehwelt.

Bei SPIEGEL TV schwebten Mitte der 1990er-Jahre außerordentlich viele gertenschlanke Zauberwesen durch die Flure. Mich fragte mal ein Taxifahrer, der mich nach einem Dreh in die Zentrale brachte, ob das eventuell nicht DER SPIEGEL, sondern eine Modelagentur sein könnte.

Sagen wir so, der damalige Chefredakteur des Magazins hatte ein gewisses Faible dafür, sich mit schönen jungen Frauen zu umgeben. Und hier wurde auf einmal nicht mehr richtig gegessen. Hier ließen meine Kolleginnen alle möglichen Mahlzeiten ausfallen, unterhielten sich darüber, dass man mit Idealgewicht immer noch viel zu dick sei, und alle trugen tolle, figurbetonte Klamotten. Hier war ein verlorenes Kilo ein ähnlicher Sieg wie ein gelobter Fernsehbeitrag – was für ein merkwürdiges Umfeld, in dem ich da auf einmal unterwegs war. Aber alles war so reizvoll: Ich passte mich an, ohne Frage. Auch ich ließ jetzt Frühstück oder Mittagessen oder Abendessen ausfallen. Oder alle Hauptmahlzeiten. Manchmal aß ich den ganzen Tag über nur ein einziges Käsebrötchen oder eine einzige

Ananas und ging mit Stolz und rumpelndem Magen ins Bett. Aber ich nahm ab, und dafür wurde ich bewundert. So gewöhnte ich mich nicht nur an den Hunger, sondern der Hunger wurde zu einem echten Triumphgefühl.

Außerdem arbeitete ich auf einmal beinahe rund um die Uhr – feste Essensrhythmen gab es in den ersten Jahren nicht mehr. Das änderte sich auch nicht, als ich zu RTL nach Köln ging. Hier wie dort viel Arbeit, viele dünne Frauen, die wenig aßen – also viele Gründe, ebenfalls wenig zu essen. Und bei RTL gab es auf einmal auch die Spuren von Erbrochenem in den Damentoiletten – hier wurde nicht nur wenig gegessen, sondern offensichtlich rückwärts gegessen. Hauptsache Kleidergröße 34.

Ich bin nie in eine richtige Essstörung abgeglitten – zum Glück nicht. Viel gefehlt hätte jedenfalls nicht mehr. Aber auch wenn ich inzwischen ein deutlich entspannteres Verhältnis zu meinem Körper gefunden habe: Ganz gesund ist mein Essverhalten nie mehr geworden. Und das, obwohl ich inzwischen ja auch Vorbild vor allem für meine Tochter sein sollte und ihr regelmäßiges, gutes Essen nicht nur vorsetzen, sondern es ihr auch vorleben sollte. Darin bin ich leider nicht wirklich gut. Was mir geblieben ist – und was ich bei anderen Frauen, egal in welchen Jobs und Positionen und mit welchen Konfektionsgrößen auch sehe –, ist ein schlechter Essensrhythmus. Dieses: Ich esse lange nichts, dann kommt Heißhunger, dann schiebe ich schnell irgendwas rein, dann wieder länger nichts. Ich suggeriere meinem Hirn, ich hätte gar keine richtige Mahlzeit aufgenommen, und snacke unkontrolliert und verstoffwechsle nach und nach immer weniger. Das ist nicht nur völliger Blödsinn, weil wir ja trotzdem unsere Kalorien zu uns nehmen, sondern es macht auch krank: unseren Darm, unser Immunsystem, unseren Selbstwert.

Wir machen uns unseren Stoffwechsel kaputt. Und wir berauben uns einer ganzen Menge unserer Energie und eines positiven Gefühls für unseren Körper. Das sind ausgesprochen blöde Konsequenzen.

Du siehst: Für mich, mit dieser Geschichte im Nacken, war das Thema Essen und Trinken sehr viel schwieriger anzugehen als der Punkt Bewegung. Und doch musste und muss ich mich immer noch täglich damit auseinandersetzen, denn gerade in den Phasen, in denen wir unsere Kraft auf unserer Seite brauchen, müssen wir klar mit dem sein, was wir zu uns nehmen. All das, was in deinen Körper hineingeht, müssen wir uns, musst du dir, bewusst machen und es so anpassen, dass es dir hilft, dich wieder zu stärken.

Diese Reflexionsfragen helfen, Klarheit zu bekommen:

- *Esse ich im Moment regelmäßig? Wenn nein: Welche Mahlzeiten ersetze/ ergänze ich häufig durch Snacks?*
- *Lebensmittel/ Getränke, die ich gerade häufig zu mir nehme, die mir guttun, sind: – Lebensmittel/ Getränke, die ich gerade häufig zu mir nehme, die mir NICHT guttun:*
- *In der Zeit in meinem Leben, in der ich mich körperlich am wohlsten gefühlt habe, habe ich was/ wie gegessen und getrunken?*

Wichtig an Gedankenübungen dieser Art ist erst einmal die Bewusstmachung, sie ist immer der erste und unverzichtbare Schritt zur Veränderung.

Ich werde mich nicht aufschwingen, dir zu sagen, was du essen sollst. Denn ich habe ja schon klargemacht, dass ich da nicht gerade ein Vorbild bin. Es geht uns hier ja auch nicht darum, dich in körperliche Bestform zu bringen. Mach dir bitte nur klar: Zur Selbstführung und Selbstfürsorge gehört, dass du versuchst, regelmäßig zu essen (das muss ich mir auch jeden Tag aufs Neue vorbeten, wie einem Kindergartenkind, auch wenn meine 21 Tage lange vorbei sind), dass du deinem Körper über den Tag immer wieder Wasser zuführst, besonders zwischendurch auch warmes Wasser. Zur Selbstführung und Selbstfürsorge gehört, dass du versuchst, etwas Frisches zu dir zu nehmen (Obst, Gemüse, Salate, Rohkost, Smoothies, was auch immer die neuesten Superfood-Hypes so hergeben), und dass du versuchst, so oft es geht auf Zucker zu verzichten. Das sagt dir hier ein absoluter Schoko-Junkie. Aber wir wissen – wir WISSEN – leider inzwischen ganz genau, dass Zucker eine der Drogen, eines der Gifte unserer Zeit ist. Und auch wenn ich noch nie essens-religiös war und das auch immer zutiefst unsympathisch finde: Zucker macht abhängig, macht hyperaktiv, macht dick, macht Zähne kaputt, sorgt für psychische Unzustände und nervt, weil er uns versteckt überall verabreicht wird.

Setze Zucker bewusst ein. Klar darfst du dir – für die flatternden Nerven – gerade jetzt MAL Zucker gönnen. Mache ich auch, manchmal auch in etwas beängstigenden Mengen (meine Kinder nennen es »Nutella-Anfälle«). Gleiches gilt für Alkohol: mal ein Glas Wein oder Bier oder in den Momenten, in denen du fürchtest, irre zu werden, sicher auch ganz manchmal einen Schnaps. Aber all das eben bewusst, dosiert und in Balance. Ich tue mir etwas Gutes und verzichte *versus* Ich tue mir etwas Gutes und gönne mir etwas. Fang mal an, damit zu spielen. Nicht, weil gerade alle trinken oder weil gerade alle Torte futtern. Sondern weil du entschieden Ja sagst oder auch entschieden Nein sagst. Du wirst dich wundern, wie diszipliniert du sein kannst, wenn du wach und klar und präsent entscheidest. Und wie stolz es dich macht, wenn du bewusst Verzicht einbaust in all das, was uns an Überfluss sowieso permanent umgibt.

Balance ist der Schlüssel zum Umgang mit Lebensmitteln und Getränken: bewusst Ja und bewusst Nein.

Ich musste für mich lernen, dass auch beim Essen und Trinken Willenskraft in gesunder Form der zentrale Punkt ist. Dass auch hier genau wie beim Rest meines Kraftaufbaus, galt: Je mehr ich mich darauf konzentrierte und darauf fokussiere, wie wichtig richtiges Essen und richtiges Trinken jetzt für mich sind, desto stärker wurde mein Wille, gut für mich zu sorgen. Und desto besser ging es mir körperlich. Das strahlt, ganz automatisch, auf alles andere ab – und zwar sofort. Ein Wort noch zum Intervall-Fasten, da viele gerade von 16/8 – also 16 Stunden nichts essen, 8 Stunden essen – sprechen. Ich habe Klienten, die sagen, dass das für sie großartig sei, sie sich klarer fühlten und leichter. Ich experimentiere auch damit. Mir hilft es, einen Rhythmus zu etablieren. Essen. Dann Zeit zu verdauen. Dann erst wieder essen. Und nicht vom Snacken über das Snacken ins Snacken. Aber an Tagen, an denen ich sehr französisch erst spätabends lecker essen gehe, mit meinen Kindern etwas Tolles koche oder in der Spätvorstellung im Kino eine XL-Packung Popcorn futtere (ja, ganz bewusst): Da schmeiße ich 16/8 auch gerne mal über Bord. Denn bei all dem hier ist wichtig: Wir sollten mit größtmöglicher Freude leben. Und die entsteht aus Starksein – und dann auch mal loslassen.

Genauso wie der nächste, deutlich scheuere Faktor in Sachen Kraft – einer, der einem Menschen in einer schwierigen Situation schnell zu schaffen, ja sogar Angst macht:

3. Schlaf.

Wenn wir unklar, unaufgeräumt sind, dann sind wir gefangen – innere Gelassenheit ist in diesem Zustand fast nicht mehr möglich. Und ohne innere Gelassenheit wiederum ist Schlafen fast nicht mehr möglich. Ich kenne diesen verdammten Teufelskreis, der sich daraus entwickelt. Und ich weiß, wie widerlich Nächte sein können. Als es mir zunehmend schlechter ging, durchlebte ich Nächte, in denen meine inneren Höllenhunde so gerast sind, dass ich außer Atem war beim Aufwachen. Nächte, in denen ich gefühlt 20 Liter Wasser in meine Bettlaken geschwitzt habe. Nächte, in denen ich mich nicht getraut habe, meine Augen zu schließen, aus Angst davor, welche Gedanken und Gespenster dann wiederauftauchen würden. Nächte, in denen sich mein Selbst in mir zusammenkauerte wie ein sehr verschrecktes, sehr kleines, sehr nacktes Kind.

Angst ist immer schwer auszuhalten. Nachts aber ist sie am fiesesten.

Und meine schlimmsten Nächte waren noch gar nichts gegen die Nächte, die meine Freundin Josephine durchmachte. Ich habe dir von ihrer ersten Panikattacke erzählt und was alleine die schon in Josephine zerstörte. Die Nächte, die auf diese erste, unbändige Panikattacke folgten, das waren Nächte, die wir – Josephine sowieso, aber auch ich – so schnell nicht werden vergessen können. Nächte, in denen sie gar keinen Schlaf fand. Nächte, in denen sie plötzlich im Nachthemd durch die Straßen ihrer Stadt laufen wollte und sich bei dem Gedanken ertappte, was für eine Erleichterung es für sie wäre, wenn jetzt ein Auto käme und sie überfahren würde. Es waren Höllennächte. Manchmal rief sie mich in diesen Nächten an. Und egal, was ich ihr sagte, wie sehr ich versuchte, sie zu beruhigen, wie verzweifelt ich beschwichtigte – der Schlaf, und damit das Einzige, was Ruhe in diese innere Aufruhr hätte bringen können, war weg. Und mit ihm verschwand immer mehr von *Sistas* Gegenwehr. Vergiss nicht: Josephine musste ja trotzdem morgens wieder aufstehen, mit völlig verquollenen Augen ihren Kindern noch einen Hauch Stabilität vorgaukeln, Pausenbrote schmieren, Obstgesichter schnitzen und dann selbst arbeiten. Ich weiß nicht wirklich, wie sie das geschafft hat, wie sie auch nach solchen Ritten durch die Finsternis die Disziplin aufbrachte. Aber Josephine wäre nicht Josephine, wenn sie nicht gekämpft hätte. Zunächst nur darum, ihr Restleben irgendwie aufrechtzuerhalten. Und dann – und du wirst noch staunen – darum, aus diesem Dramazustand ihres inneren Zwingers wiederaufzutauchen, sich selbst zu retten und mit der Kraft ihres neu entdeckten Willens ihr Leben selbst zu gestalten.

Schlaf ist im Gegensatz zu Bewegung und Essen und Trinken sehr schwer zu steuern. Aber man kann ihn wieder erlernen, beziehungsweise kann man ihn anlocken, ihn ködern, ihn einladen und sich selbst gut auf ihn programmieren. Bestenfalls, wenn man noch nicht in einer wirklich dramatischen Krisensituation ist. Damit wir ruhig schlafen, auch wenn sich etwas in uns zusammenbraut, sollten wir unsere Routinen anpassen. Dafür benötigen wir ein wenig Hintergrundwissen. Und ich bin sicher, dass dir vieles davon eigentlich klar ist. Eigentlich. Denn dieses Wissen hängt irgendwo in uns ab, wie ein chillender Teenager, wir wissen zwar, dass es da ist, aber solange wir es nicht aktivieren, ist es zu nichts zu gebrauchen. Also lass es uns mit unserem Bewusstsein aktivieren. Mache dir bewusst, wie ich es auch mir immer wieder bewusst machen musste:

Wer sich mehr bewegt, vor allem an der frischen Luft – und damit meine ich eben durchaus auch den Spaziergang oder das Radfahren zum Job –, der schläft besser. Bring dich dazu, möglichst jeden Tag mindestens 15 Minuten an der Luft zu sein und dich irgendwie zu bewegen. Das ist möglich und hat einen großen Effekt in Sachen Ruhe und Schlaf finden.

Wenn du, wie ich, Kaffee oder Schwarz- oder Grüntee-Trinker bist, dann versuche, deine letzte Dosis vor 15 Uhr zu dir zu nehmen und dich danach mit kaltem Wasser wachzuhalten. Gerade in den Zeiten, die uns aufwühlen, reagiert unser angeschlagenes System extremer als sonst auf die sanften und harten Drogen, die wir ihm zuführen. Das können wir mit Alkohol erleben (wir merken ihn sofort oder werden quasi gar nicht betrunken) und genauso mit Koffein oder Teein. Da, wo wir einen doppelten Espresso sonst milde lächelnd runterstürzen und maximal einen kleinen Weckruf bekommen, kann uns ein einfacher Espresso in Krisenzeiten einen Tremor bringen. Ich liebe Kaffee, richtig guten Kaffee. Ich liebe auch grünen Tee. Und Knoblauch und Ingwer und alles andere, was aufputscht, liebe ich eben auch. Aber in meinen aufreibendsten Zeiten konnte ich all das nur in homöopathischen Dosen zu mir nehmen. Mein Herz ging eh schon ständig im gestreckten Galopp – alles, was dazu kam, wirkte in mir wie intravenös verabreichtes Speed (jedenfalls stelle ich mir das so vor), war also totaler Quatsch, wenn ich jemals wieder ein Augenlid senken und Schlaf anlocken wollte. Apropos Drogen, in meinem Fall Alkohol: Ich kenne das Bedürfnis sehr gut, abends mit einem Glas Rotwein das Hirn zur Ruhe bringen zu wollen. In Krisenzeiten gerne auch mit zwei, drei Gläsern Rotwein. Aber das ist blöderweise ganz klar der falsche Weg. Der Schlummertrunk hilft nur zum Schlummern, nicht jedoch dem Schlaf – wie Wissenschaftler des Londoner Sleep Centers in einer großen Überblicksstudie nachgewiesen haben. Demnach ebnet das Glas Wein oder das Bier zwar dem Schlaf den Weg. Wer getrunken hat, schläft rascher ein und ruht ein paar Stunden lang. Diese Wirkung ist uns logischerweise gerade sehr willkommen, aber die alkoholbedingte Bettschwere wird im Laufe der Nacht zu Unruhe. Wir wachen nach Alkoholgenuss in der zweiten Nachthälfte häufiger auf. Und das brauchen wir, gerade wenn wir eh schon Schwierigkeiten haben, unser Gedankenkarussell in Zaum zu halten, überhaupt nicht. Alkohol verstärkt auch den sogenannten Tiefschlaf – den Hammer-auf-den-Kopf-Schlaf. Das ist dieser traumlose Schlaf, in dem sich zwar der Körper erholt, in dem aber die Eindrücke des Tages nicht traumhaft verarbeitet werden. Und Verarbeitung ist das, was du genau wie ich in dieser Zeit unbedingt brauchst.

Das Glas Wein – herrlich, manchmal. Aber nicht regelmäßig und vor allem nicht als Einschlafhilfe. Genieße es, wenn der Moment dafür gut ist, betrinke dich feurig, wenn es einmal überhaupt keine andere Option gibt, aber ansonsten lass es gerade besser weg. Ich hätte mir, offen gesprochen, sehr gerne häufiger die Lampen ausgeschossen. Hätte gerne Josephine oder Anna oder Katrin, oder eine andere meiner wunderbaren Lebensfrauen genommen und dazu eine große Flasche irgendwas, und dann die Unaufgeräumtheit, das Zwingergefühl, die zu durchwatende Scheiße einfach weggetrunken. Ich habe es nicht gemacht (außer an dem Köln-Abend). Ich habe auf Klarheit gesetzt und versucht, mein System nicht zusätzlich zu belasten. Denn auch, wenn die Lampen aus sind und mit ihnen all die fiesen Gedankenschleifen kurz um die Ecke gebracht wurden, sind sie am nächsten Morgen ja blöderweise wieder da, oft noch deutlich bedrohlicher als zuvor. Und ein ganz miserables Körpergefühl noch dazu. Das brauchen wir gerade jetzt nicht!

Aus Schwäche entsteht nie etwas Starkes und aus Ungesundem nie etwas Gesundes. Also feiern wir lieber, wenn wir etwas erreicht haben, als zu feiern, um zu verdrängen.

Du musst bedenken: Befinden wir uns in einer Ausnahmesituation, wie kurzfristig verloren gegangenes Leben nun mal eine ist, ist unsere Grundkonstellation in Aufruhr. Und zwar psychisch wie physisch – wir sind ja ein geschlossenes System. In unserem Körper richtet die Aufregung der Bedrohung – und als das nimmt unser Körper die ungute Situation wahr – einiges an. Es werden die mehrfach erwähnten negativen Stresshormone ausgeschüttet (Cortisol, Adrenalin, Noradrenalin), unser Körper befindet sich dauerhaft in einem Alarmzustand, und das bedeutet, wir sind ständig unter Anspannung. Auf diese hormonelle und muskuläre Ausnahmesituation müssen wir uns einstellen. Und ihr mit allem begegnen, was wir haben, um eben gesund zu bleiben und die Kraft zu haben, die Situation zu lösen. Daher sollten wir unbedingt versuchen, uns Zusatzreize wie Alkohol, Koffein und alles, was uns aufputscht, gar nicht, oder nur in kleinen Dosen, zuzuführen.

Letzter, wichtiger Punkt in Sachen Schlaf: Passe auf deinen Lichtkonsum auf. Setze dich morgens möglichst ganz bewusst ein paar Minuten dem Sonnenlicht aus (auch im Winter, an trüben Tagen – dem hellsten natürlichen Tageslicht, das du finden kannst). Versuche auch Abends noch einmal, helles, natürliches Tageslicht auf deine Pupillen treffen zu lassen, kurz bevor die Sonne untergeht. Und danach versuche, so wenig helles Licht wie möglich aufzunehmen. Und vor allem, das wissen wir eigentlich alle: kein blaues Handy-, Laptop- Tablet-Licht. Versuche deinen Licht-Rhythmus zu finden. Und schau mal, was das mit deinem Schlaf macht. Ich denke, es wird ihn bezirzen. Und er wird, nach und nach, zu dir zurückkehren.

Bewegung. Essen und Trinken. Schlaf.

Da haben wir schon mal die wesentliche physische Mischung, die uns von einem ungesunden zu einem gesunden Wesen macht. Wie wir das in Einklang bringen, wie mir diese Wendung gelungen ist, erzähle ich dir gleich. Vorher benötigen wir aber noch einen vierten Faktor, der uns hilft, unser Leben zu drehen, in unsere Kraft zu kommen, unser Ziel zu entwickeln und zu erreichen.

4. Ruhe in Kopf und Herz
(oder auch Windstille in der Seele – du lernst gleich, warum)

Lauf jetzt nicht sofort gedanklich weg und pack mich bitte nicht in die Esoterik-Ecke: Ruhe und Stille sind wesentlich für unsere Willenskraft und auch wesentlich dafür, unser Leben selbst gestalten zu können. Wir brauchen sie als Inseln in unserem Alltag, die wir nutzen, um zu atmen, unseren Geist zu beruhigen. Klingt alles abgehoben? Ist es gar nicht – habe ich aber am Anfang meines Weges auch erst mal so empfunden und mich trotzdem drauf eingelassen.

Wir haben ja in irgendeiner Weise Mist gebaut, wenn uns unser Leben abhandengekommen ist, über alle Berge wie eine läufige Hündin. Egal, wie sehr wir uns vielleicht nach außen zum Opfer machen: Innerlich wissen wir eigentlich ganz genau, wie groß unser eigener Anteil daran ist, dass wir überhaupt in Unordnung geraten sind. Daran, dass wir nicht unseren Willen leben, nicht in unserer Kraft sind. Wir haben falsche Entscheidungen getroffen, vielleicht unsere Herzen an die falschen Menschen verschenkt, haben unsere Energie verschleudert, als wäre sie unendlich, haben Geld rausgehauen oder uns beruflich verrannt, sind unter- oder überfordert. Ganz egal, was dahintersteckt. Ist das Leben erst einmal mit dem nächsten Straßenköter durchgebrannt, haben wir keinen Raum mehr für Ruhe. Da fällt es in dieser Situation selbstverständlich etwas schwerer, sich ausgerechnet jetzt mit Atmung, Entspannung, mit Pieksmatten zu beschäftigen. Ausgerechnet jetzt, wo wir unserem Leben hinterherhetzen? Ja! Genau! Jetzt!

Wir haben das viel zu lange nicht gemacht. Und ich würde sagen, dieser geistige Teil, der ist wesentlich. Und er ist NICHT schwierig! Er ist nur weniger greifbar als Essen oder Laufen. Ruhe erfordert, dass wir eventuell etwas ganz Neues ausprobieren. Etwas, das uns nicht in die Wiege gelegt wurde und das aller Wahrscheinlichkeit nach – außer wir sind in einer abgefahrenen Hippie-Kommune aufgewachsen – nicht zu unserer Sozialisation gehört.

Ruhe müssen wir lernen. Und einen entscheidenden ersten Schritt machen. Hast du schon mal meditiert? Ich habe viele Klienten bei mir im Coaching, die bei der Frage sofort die Augen verdrehen und innerlich in die hinterste Ecke emigrieren. Das respektiere ich, aber es hilft nicht. Meditieren meint nicht zwangsläufig, Om zu tönen oder mit kleinen Klangschalen in der Hand entrückt durch den Raum zu traben. Meditieren heißt vor allem, sich selbst kurz von den permanenten Gedankenflüssen zu befreien, die uns ständig im Kopf kreisen. All die Geschichten zu unterbrechen, die wir uns erzählen – die wahren und die unwahren. All die Urteile über uns selbst und unsere Welt, all die Glaubenssätze, all die eigenen Beschränkungen und Bewertungen. Meditieren heißt, unsere Gedanken zu kontrollieren und uns nicht mehr von ihnen kontrollieren zu lassen.

Unsere Gehirne produzieren rund 60 000 Gedanken am Tag – und das ist trotz fortgeschrittener Hirnforschung noch immer eine recht grobe Schätzung. Ich persönlich glaube, dass es noch viel mehr sind, wenn wir uns mal all die Gedankenfetzen, die kurzen Blitze vergegenwärtigen, die da noch in unseren Hirnen herumschwirren. Unsere Murmelinhalte arbeiten ja auch noch, wenn wir schlafen. Wenn wir wirklich in unsere Kraft kommen wollen, unser Leben nach unserem Willen leben wollen, benötigen wir zwischendurch mal Leere im Kopf.

Ich bin mit einem sehr schönen Wort aufgewachsen, auch wenn meine Eltern beide unendlich weit entfernt von jeglicher Meditationspraxis waren. Aber meine Eltern haben, in lauen Sommernächten, an Wohlfühlorten, in guten Momenten immer von »Galene« gesprochen. »Das ist Galene«, haben sie dann leise, fast ehrfürchtig gesagt. Und übersetzt haben sie das mit »Windstille in der Seele«. Ist das nicht ein schönes Bild? Nimm es mit, ich schenke es dir.

Verschaffe dir zwischendurch »Galene«, Windstille in deiner Seele.

Nur mit solchen kurzen Pausen – und die sind anfangs wirklich sehr kurz – bekommen wir unseren Fokus zurück. Das schaffen wir nur durch Meditation oder die Pausentaste oder wie auch immer du es nennen magst, damit du dich traust, es in dein Leben zu integrieren.

Was bei mir ehrlicherweise eine schwierige Geburt war. Ich bin nämlich, wie kurz erwähnt, nicht in einer Hippie-Kommune aufgewachsen, und ich bin eigentlich auch viel zu hyperaktiv, um mich auf irgendeinem Sitzkissen niederlassen zu können. Eigentlich.

Meine wenigen frühen Meditationsversuche waren immer sehr traurige Erfahrungen. Jedes Mal wenn ich beim Yoga war und zum Schluss die Endentspannung kam, hatte ich das Gefühl, mein Gedankenkarussell würde noch viel schneller wieder hochfahren als zuvor. Konzentrierte ich mich auf meine Atmung, führte das zu Anspannung, nicht zu Entspannung. Mein

Bauch zog sich zusammen. Es kamen tausend wirre Gefühle und Gedanken – alles auf einmal. Ich war fix und fertig, jedes Mal. Josephine, meine *Sista*, der Ur-Yogi unter meinen Freundinnen, setzte mir dann irgendwann ermutigend einen Kopfhörer mit einer geführten Meditation aus einer App auf den Kopf. Ich versuchte, mich darauf einzulassen, aber der Typ in meinem Ohr redete in reinstem Oxford-English auf mich ein. Und schon kamen Bilder – aber eben nicht die, die mich entspannten, sondern die, die mich belustigten: Ich stellte mir einen rothaarigen, blassen Briten vor, der mit Loafern und Clubjacket auf der Yogamatte sitzt und mir etwas von Energie und Prana erzählt. Ich musste lachen. Ich war raus aus der Nummer.

Dann schickte mir das Universum (wenn wir schon mal thematisch in die Richtung gehen) Julia: Rechtsanwältin, Yoga-Lehrerin, Meditationsfachfrau – ein tolles Wesen. Eine schöne, starke und zugleich weiche Frau mit raspelkurzen Haaren und wissenden Augen. Julia lebte zu dieser Zeit teilweise auf einem alten, einsamen Hof im Schleswig-Holsteinischen Nichts und bot dort Schweigetage an. Als sie mir auf einer Party davon erzählte, war ich angezündet und abgeschreckt zugleich. Irgendetwas in mir rief laut und deutlich: Versuch es, mach das, das ist genau, was du gerade brauchst. Ein anderer Teil in mir schüttelte vehement alle verfügbaren Köpfe: Neiiin! Bist du irre? Du hältst das keine 15 Minuten durch, du altes ADHS-Kind. Was soll ich sagen: Das ADHS-Kind verlor endlich einmal. An einem Herbstwochenende, als Teile meiner Misere selbst für mich nicht mehr zu verdrängen waren (aber deutlich vor dem Abend in Köln), fuhr ich – zwiegespalten und mit heftigem Herzklopfen – zu ihr auf den Hof, der Güldenholm heißt. Julia hat es mir Härtefall ganz leicht gemacht. Wir haben geschwiegen, und wenn man vom Schweigen kommt, ist der Weg auf das Meditationskissen gar nicht mehr so weit. Außerdem hört man, wenn man schweigt, quasi permanent dem eigenen Atem zu – das ist dann irgendwann nicht mehr furchterregend, sondern normal. Wir haben uns kurz begrüßt, als ich auf dem Hof, der im Herbstwind längst vergessene Geschichten ächzte, ankam und ab diesem Moment nur noch liebevoll miteinander geschwiegen: Anfangs war das saukomisch, nach einer Stunde war es herrlich. Nach einer weiteren Stunde wollte ich nie wieder sprechen. Wir setzten uns morgens und abends auf ein Meditationskissen vor eine Kerze. Julia brach dann kurz ihr Schweigen, um meine Konzentration auf den Weg meines Atems zu schicken. Und siehe da: Ich glitt hinein in die Stille in mir. Natürlich tauchte ich zwischendurch auch immer mal wieder auf, bis heute habe ich Schwierigkeiten, länger in der Leere zu bleiben.

So wie Liz. Hast *du Eat Pray Love* gesehen oder gelesen? Erinnerst du dich, wie Liz in dem indischen Ashram saß und einfach nicht in die Stille im Kopf kam? Wie zäh sich ihre Minuten anfühlten und wie sie innerlich erst einmal ihren Meditationsraum in New York einrichtete und es nicht schaffte, an gar nichts zu denken. So war und ist es bei mir auch. Ich haderte und ich vertüddelte mein Hirn auf dem doofen Kissen. Ich dachte an meinen Kram, an absurde Dinge, ich entwickelte To-do-Listen und verwarf sie wieder. Aber inzwischen kann ich mich immer wieder zurückholen, kann meine Gedankenschleifen in der Stille unterbrechen und die Gedanken weiterziehen lassen. Und atmen. Irgendwann komme ich immer wieder hinein in meine Stille. Julia hatte mir damals eine Brücke in meine Innenwelt gebaut, die ich nie zuvor gefunden hatte, von der ich nicht einmal ahnte, dass sie da war. Diese Innenwelt findest du auch.

Wichtig ist, dass du auch hiermit erst einmal beginnst, einfach so. Und wichtig ist, dass du dabeibleibst und trainierst, als würde es um einen flachen Bauch oder einen gestählten Oberarm gehen. Denn die Leere, die wir brauchen, um unseren Fokus zu finden, unseren Willen zu stärken und um kreativ zu sein, die baut sich auf wie ein Muskel. Nach und nach. Und immer ein bisschen mehr.

Meinen Klienten im Coaching helfe ich, indem ich ihnen Meditationsapps und Podcasts mitgebe, die auf Deutsch sind (oder, wenn sie keine Probleme mit Bildern von blassen Briten haben, auch mal die App von meiner Sis). Die bringen uns sehr schön dazu, herunterzufahren und in die richtige innere Ausgangslage für die Stille zu kommen. Außerdem kannst du es mit einer Akupressur-Matte versuchen, auf die du dich legst. Das piekt anfänglich so stark, dass du denken wirst, ich hätte nicht mehr alle Tassen im Schrank, dir so etwas nahezulegen. Aber wenn du die ersten drei Minuten durchhältst, rutschst du automatisch in eine tiefe, ganz ruhige Atmung, die dir hilft, in die gewünschte Stille zu kommen (und nebenbei bekommst du noch einen so krass durchbluteten Rücken, als hätten dich einhundert Blutegel gleichzeitig angenuckelt).

Egal, was davon für dich richtig ist – starte einfach. Heute. Kaufe dir ein Kissen, kaufe dir eine Matte, lade dir eine App herunter. Vielleicht brauchst du auch nur eine Kerze und kommst schon hinein. Übe dich darin. Jeden Tag. Zehn Minuten reichen, 20 Minuten sind große Klasse, und wenn du 25 Minuten schaffst, ziehe ich den Hut. Beginne einfach! Bei vielen meiner Klienten, bei all den großartigen Menschen, die um mich sind und die ihr Leben wirklich in die Hand genommen und gedreht haben, wie auch bei mir selbst, bei uns allen war das einer der wesentlichen Schritte in die Willenskraft. Wirklich. Vertrau mir und starte. Verliere nicht die Geduld mit dir. Bleib liebevoll. Und bring dich, ganz langsam, immer wieder über deinen Atem in die Ruhe.

Erst wenn du diesen Ruhe-Raum für dich zu etablieren beginnst, geht auch der nächste wesentliche Faktor zum Kraftaufbau los.

5. Kreativität.

Ganz ruhig. Nicht gleich das Buch zuschlagen. Ich meine nicht die Kreativität, einen Schellenkranz aufs Bein zu schlagen oder mit dem Mund zu malen. Ich meine die Kreativität, die wir brauchen, um unseren Kopf wieder frei zu machen, um unser Leben wieder einzufangen, um Lösungen zu finden und uns unser Leben auszumalen, um Entscheidungen zu treffen, wie wir leben wollen. Dazu benötigen wir Kreativität.

Ich glaube, dass in jedem von uns eine gehörige Portion Künstler, Schaffender, Kreativer (und sei es nur ein kreativer Denker) steckt. Und nur weil uns irgendwann einmal erzählt worden ist, kreativ sei nur der, der Kunst erschaffe, haben viele von uns ihre Kreativität aufgegeben und bemerken nicht, wie oft sie kreative Prozesse leben. Dabei ist unsere Kreativität ein wichtiger Schlüssel, um unser neues Ich entwerfen zu können.

Wir alle haben Fantasie, aber je älter wir werden und je mehr wir uns verstricken, desto weniger nutzen wir sie in der Regel. Und je tiefer wir in unsere festgefahrenen Situationen abgleiten, desto weniger Platz haben wir, bunte Bilder zu malen, ein Gedicht zu schreiben, eine Stunde Gesangsunterricht zu nehmen, in einem Stand-Up-Comedy-Club aufzutreten oder zehn Ideen pro Tag zu entwickeln, mit denen wir ein Geschäft, eine Marke, ein Unternehmen oder die Gesellschaft aufbrechen, unterstützen und entwickeln können. Wir sind ja verheddert. Und da liegt nichts ferner als Kreativität, oder? Nein, denn sie ist wichtig! Unser Geist, egal wie faktengetrieben wir sind, braucht einen kreativen Ausgleich, um Balance zu finden.

Ja, ich wäre Anna an dem Abend in Köln, als die ganze Größe meiner Misere für mich offenbar wurde, ins Gesicht gesprungen, wenn sie mir vorgeschlagen hätte, ich möge doch mal anfangen zu lettern oder meinen Namen zu tanzen. Ich hätte klar das Gefühl gehabt, nicht ernst genommen zu werden in meinem ganzen Leid und Chaos. Aber andersherum wird ein Schuh draus: Wenn wir lernen wollen, unsere Leben selbst zu gestalten, dann müssen wir eben genau das tun, nämlich gestalten. Wir müssen Zugang zu unserer Kreativität (wieder-)finden, um *uns* gestalten zu können. Lösungen finden, unser Leben innerlich ausmalen, Pläne entwickeln und verwerfen: Das sind kreative Prozesse. Und diese kreativen Prozesse fallen deutlich leichter, wenn wir einen Weg gefunden haben, an unseren inneren Gestalter heranzukommen. Bei mir war es der Weg des Schreibens. Das mache ich ja schon von Berufs wegen als Journalistin, als Fernsehschaffende. Aber das ist weniger kreativ als du denkst. Ich habe wieder richtig zu schreiben, groß zu schreiben begonnen, als es mir am schlechtesten ging, als ich zu meditieren anfing. Ich habe erst einmal nur Gedanken aufgeschrieben, eine Art unsortiertes Tagebuch. Dann habe ich eine Kurzgeschichte geschrieben (und habe mir auferlegt, sie nicht nur zu beginnen, sondern sie auch zu Ende zu schreiben). Danach schrieb ich meinen eigenen Blog – jede Woche eine kleine Vignette, zumeist aus meiner Welt als Coach. Als ich bereits im Schreibfluss war, habe ich mit diesem Buch begonnen. Und soll ich dir etwas verraten: Es wird nicht das letzte Buch sein. Denn ohne Schreiben, ohne mein kreatives Fenster, wird es für mich nicht mehr gehen. Mit diesem Fenster, das ich mir selbst geöffnet habe, habe ich auch Kreativität in meine Entscheidungsfindung gelassen, in meine Lebensziele, in die Gestaltung vom großen ganzen Rest.

Was bedeutet das? Kreativität, die wir uns zugänglich machen, versorgt uns nicht nur mit einem tiefen Zufriedenheitsgefühl. Sie versorgt uns eben auch mit den bunten Gedanken, die unsere Lösungswege aus dem Zwinger, aus der Unklarheit, aus dem verloren gegangenen Leben heraus sind. Kreativität gibt unserem Wandel und unserer Befreiung einen Ausdruck. Du weißt vielleicht noch nicht, wie herrlich das ist, aber du wirst es ganz bestimmt erkennen. Setze dich mit dir auseinander: Was machst du gerne? Was beflügelt deine Fantasie? Musik? Malen? Töpfern? Tanzen? Schreiben? Ukulele zupfen? Klöppeln? Ideen entwickeln und zu Papier bringen? Backrezepte erfinden? Mikroorganismen fotografieren? Deinen Liebsten bekochen? Völlig egal, was es für dich ist, beginne damit. Auch hier: Nimm dir erst einmal kleine Schritte vor. Vielleicht schaffst du es nicht jeden Tag. Aber dann zumindest dreimal in der Woche. Und wenn es nur 15 Minuten sind. Nimm dir diese Zeit und sieh dir an, was es mit dir macht. Es öffnet dein Hirn – vor allem die rechte Hemisphäre, die so wichtig ist, um auch kreative Lösungsansätze finden zu können – und es öffnet dein Herz. Erst ein kleines bisschen. Und dann immer mehr. Halte unsere verabredeten 21 Tage durch. Vielleicht führt dein erster kreativer Impuls zu der nächsten kreativen Ausdrucksform. Ganz egal. Hauptsache du förderst das Bunte in dir. Denn das zeigt dir neue Wege und gibt dir ein Stück weit den Stolz zurück, den du so schon lange nicht mehr auf dich empfunden hast. Und es hilft dir ungemein bei dem, was wir vorhaben: Entscheiden. Dein Leben entscheiden. Es nach deinem Willen gestalten.

Wir haben uns um Bewegung, Essen und Trinken, Schlafen auf der körperlichen Ebene bemüht, sowie um Ruhe und Kreativität auf der geistigen Ebene. Der letzte Teil bringt jetzt alles zusammen.

6. Der Rhythmus.

Unser geschundener Körper, genau wie unser Geist, sucht gerade verzweifelt nach Stabilität. Und die kannst du deinem System jetzt vor allem dadurch anbieten, dass du möglichst viel von dem, was gerade in deiner Macht steht, regelmäßig zu tun versuchst. Das Training also – all das, was schließlich unsere Willenskraft groß macht!

Regelmäßig in etwa zur gleichen Zeit aufstehen (außer an den Wochenenden). Regelmäßig, in etwa zur gleichen Zeit, essen. Regelmäßig dein Kissen oder deine Matte besuchen und atmen. Regelmäßig eine kreative Handlung in deinen Alltag einbauen. Regelmäßig, in etwa zur gleichen Zeit, die Arbeit und belastende Themen beenden. Ein immer ähnliches Schlafritual kreieren. Jeweils zu einer ähnlichen Zeit ins Bett gehen. Und wenn du nur eins von all dem regelmäßig zu tun beginnst, wirst du den Effekt spüren. Auch hier gilt: Wecke deinen Willen – zumindest 21 Tage lang –, bis aus einem Anfang eine Gewohnheit geworden ist.

Ich habe mir selbst und dem Rest der Welt ja sehr lange die Geschichte erzählt, dass es nun einmal mein Biorhythmus sei, ewig spät ins Bett zu gehen und morgens die Schlummertaste am Wecker betätigen zu müssen. Das war natürlich Bullshit. Und es war ein Zeichen dafür, dass ich noch keine bewusste Entscheidung getroffen hatte, mein Wille noch irgendwo in mir herumschlummerte, träge und schlapp.

Es hat mir wirklich sehr geholfen, mir selbst den Zahn des Biorhythmus zu ziehen und mir einen neuen Tagesplan zurechtzulegen. Ich denke, es ist inzwischen durchaus klar geworden, dass ich nicht die größte Leuchte in Sachen Selbstdizilin bin. Aber als ich mit dem Rücken zur Wand stand, habe ich eine Vereinbarung mit mir selbst getroffen. Für die nächsten Tage und Wochen und Monate, nämlich so lange, bis ich wieder im hellen Sonnenlicht stehe, würde ich mir meine Tage anders einteilen. Genauso mache ich das mit meinen Klienten auch: An den fünf Werktagen baue ich Bewegung in meine Tage ein. An fünf von sieben Tagen esse ich bewusst und in einem klaren Rhythmus. An fünf von sieben Tagen trinke ich Wasser. Und Tee und Kaffee bis 15 Uhr. An fünf von sieben Tagen gehe ich vor 22 Uhr 30 ins Bett und checke meine letzten Mails um spätestens 20 Uhr. Belastende Themen versuche ich nach 20 Uhr nicht mehr zu besprechen, zu lösen oder zu verschriftlichen. An fünf von sieben Wochentagen meditiere ich nach dem Aufwachen oder vorm Einschlafen für 10–20 Minuten. An fünf von sieben Werktagen schreibe ich mindestens 30 Minuten lang. Ja, es gibt Wochen, da sind es nur vier Tage. Und auch das ist in Ordnung, wir wollen da mal nicht religiös werden.

Erinnerst du dich noch, wie meine Freundinnen mich in dieser Krisenzeit nannten? Chaoshuhn. Wenn ich ehrlich bin, war das nicht die erste Zeit in meinem Leben, in der vor allem meine Freundin Frau Schick mich so nannte. Und auch nicht die erste Zeit, in der Chaos-Huhn ein guter Titel für mein Leben war. Ich bin in weiten Teilen ein chaotisches Huhn. Ich tue mich schwer damit, Strukturen aufzusetzen, tendenziell würde ich gerne jeden Abend sehr spät ins Bett gehen, häufig ausgehen, Quatsch machen, dann wieder Großes erreichen. Ich bin die, die in ihrem Zuhause erst mal genau eine Stunde Zeit haben muss, um echt aufzuräumen, bevor uns jemand besuchen kommen darf, der nicht zum aller innersten Zirkel gehört. Excel kommt mir komplexer vor als Mandarin. Es gibt in meinem Leben sicher zweihundert Projekte, die ich mit voller Emphase begonnen habe und die irgendwo in meinem Orbit verschollen sind. Nein, damit meine ich nicht meine beiden Ehen. Obwohl …

Als mein Leben dachte, mir beweisen zu müssen, dass jetzt Schluss sei mit lustig, und ein Höchstmaß an Chaos dazu führte, dass ich die Kontrolle verlor – und da sich nun mal selbst das stolzeste stolzierende Huhn es nicht leisten kann, in einem sogar für Legehennen demütigend kleinen Zwinger zu sitzen –, da habe ich Disziplin gelernt. Excel, Rhythmus, Balance. Das, was andere Menschen eventuell einfach schon lernen, ohne dafür voll auf der Nase, dem Schnabel oder auf sonst was gelandet sein zu müssen. Ich möchte dir damit eins sagen: Wenn du hinfällst, dann hast du auch die Kraft, dich vom Chaoshuhn oder Chaoshahn zur Strebereule zu mausern. Und wenn das Schlimmste vorbei ist – das ist die gute Nachricht –, dann findet sich eine gesunde Mischung aus beidem. So bin ich heute. Ein strebsames Teilchaoshuhn mit Eulentendenzen. Und andersrum.

Bedeutet, ich habe meinen Schlafrhythmus verändert. In der Regel gehe ich jetzt nicht mehr um 0 Uhr 30 ins Bett, sondern um 22 Uhr. Und ich schlafe nicht mehr bis 6 Uhr 40 Uhr, sondern bis 5 Uhr. Ich versuche jeden Tag damit zu beginnen, viel lauwarmes Wasser zu trinken, ein paar Minuten zu meditieren und mich dann mit meinem ersten Kaffee, hinzusetzen und einen Plan zu erstellen, irgendeinen Frosch zu verspeisen (ich erkläre dir im nächsten Kapitel, was es mit dieser Methode auf sich hat), kreativ zu schreiben oder jemandem zu danken. So habe ich in der Regelmäßigkeit, im Rhythmus eine für mich sehr wertvolle Zeit geschaffen. Überhaupt: Ich habe, als ich mit dem Sortieren und dem Bewusstmachen begann, vieles gleich mit aufgeräumt. Im Äußeren wie im Inneren. Sortieren ist ein sehr gutes Stichwort – Sortieren ist ein weiterer Schritt in ein freies Leben. Wichtig für dich, wichtig für mich: Triff auch hier die Entscheidung.

Lade alle 6 Faktoren – gemeinsam gebündelt im Rhythmus – für 21 Tage in dein Leben ein. 21 Tage, in denen du dich von mir und diesen 6 Faktoren herausfordern lässt. 21 Tage, in denen ich dich an meiner durch dieses Buch ausgestreckten Hand in deine Kraft zurückführe. Lass dich darauf ein. 21 Tage sind machbar. Und wenn du danach nichts spürst, brauchst du nicht weiterzulesen (aber dann bist du eh ein Alien und insofern auch nicht in meiner Kernzielgruppe ;-)

4

Sortieren:
Wir sind alle verstrickt!

Bevor wir unser Ziel finden, müssen wir unsere Situation entknäulen. Dabei gilt: Eat the frog first – immer mit dem Schlimmsten anfangen. Und dann, nach und nach, in die Freiheit.

Während du mit unserer 21-Tage-Herausforderung beginnst – und, hallo, wir haben uns darauf verständigt, uns ein Versprechen gegeben, richtig? –, während du also ganz langsam und in kleinen Schritten zurückkommst in deine Kraft und all das, was Großartiges in dir ist, müssen wir uns einer weiteren Heldenaufgabe widmen: Sortieren wir, entknäulen wir, klären wir, was unklar ist.

Für verdrängende Chaoshühner wie mich ist Sortieren die übelste aller Aufgaben. Ich habe lange geglaubt, meine Probleme lägen auf der Hand, was sollte da zu sortieren sein. Leider großer Quatsch. Und eine schlaue Taktik des Verdrängerhirns, mich zum Prokrastinieren, also zum Verschieben, einzuladen. Denn wenn wir nicht sortieren, was sich in uns zu einem Knäul verheddert hat, wissen wir nicht, womit wir beginnen sollen. Und machen nichts. Verdrängen und Wegschieben ist nicht nur der Grund, warum wir in einem inneren Zwinger landen. Es ist auch der Grund, warum wir in ihm gefangen bleiben.

Als ich mich das erste Mal in meinem eiskalten Zwinger ganz nüchtern und realistisch betrachtete, saß ich, wie bereits erwähnt, an Annas Esstisch. Es war ein ebenso kalter März-Abend. Ich war gerade mit meinen Kindern aus einem Kurzurlaub auf Fuerteventura zurückgekehrt, den ich mir überhaupt nicht leisten konnte, aber ich war so lange so krank gewesen, dass ich dachte, ich würde niemals wieder gesund werden, wenn ich nicht ein paar Tage Sonne sähe. Dass ich damit aber weit über meine eigentlichen finanziellen Möglichkeiten hinausging, hatte einen dicken Einfluss auf meine gefühlte Erholung. Als wir in Köln landeten, sah ich – leicht gebräunt – für meine Käfig-Verhältnisse gar nicht mal so schlecht aus. Und ich dachte, mehr unbewusst als bewusst, ich könnte meine Situation noch ein bisschen hinter dieser zarten Urlaubsbräune verstecken, als Anna mir mit ihren Fragen zielgerichtet den Finger in die Wunden legte, oder in den Hals steckte.

Was ist los bei dir?
Wieso hast du dich mit deiner Partnerin so überworfen?
Woher kommen diese potenziellen Schulden?
Warum bist du noch nicht geschieden?
Warum bist du mit einem Mann zusammen, der dich gerade Kraft kostet?

Die Fragen waren der Finger am Rachenzäpfchen: Alles kam raus. Und es fühlte sich an – Achtung, es wird unappetitlich – wie bei einer Katze, die ein großes, schleimiges, braungraues Knäuel eigener Haare erbricht. Katzen putzen sich ja ständig das Fell und bilden innerlich einen Haarballen, den sie irgendwann herauswürgen, um wieder rein zu sein. Genauso war es bei mir auch. Anna berührte mit ihren Fragen mein Rachenzäpfchen, und ich wollte auf einmal rein sein. Und so habe ich ein ähnliches fieses Knäuel auf Annas groben, teuren Holz-Esstisch erbrochen. Es war ausgesprochen unsortiert, bestand aus Schmerz und echter Bedrohung, aus Angst und auch ein bisschen aus Zynismus, es bestand aus Selbstverachtung und innerem Kampf. In dem Knäuel waren Versuche, alles herunterzuspielen, und meine geballte Verzweiflung. Allein das Auswürgen hatte schon gedauert, und dann lag es da, in seiner unappetitlichen Größe und Gestalt, vor mir.

Ich bleibe in diesem Bild, weil ich glaube, dass dies der erste Schritt ist, sich seinen Schwierigkeiten anzunähern: Sie müssen auf den Tisch. Also: Finger in den Hals! Das klingt fürchterlich – und jetzt können wir das Bild auch durch einen etwas liebevolleren ersten Schritt ersetzen.

Wir alle haben nur eine Chance, unsere Probleme zu lösen – wir müssen sie uns ansehen. Ich hätte es, mein ekelhaftes Haarknäuel ansehend, niemals für möglich gehalten, dass daraus jemals etwas Positives werden könnte. Wie sehr habe ich mich doch getäuscht!

Fragt mich jemand im Coaching, wie er denn seine Situation lösen, womit er starten solle, helfe ich ihm so, wie Anna mir half und wie ich es an dich weitergeben möchte: Schreibe auf, was dich umtreibt. Was ist im Moment dein größter Schmerz? Was ist deine größte Angst? Welcher Berg steht vor dir? Alle Problemfelder, auch die, die nur du allein kennst, müssen auf den Tisch! Versuche es. Und dann braucht dieses Knäuel, das die ganze Zeit in dir war und dich flach hat atmen lassen, deine ganze Aufmerksamkeit.

Der natürliche Impuls ist wegschauen. Das war an dem Abend in Köln bei mir der Fall. Ich habe, nachdem es erst mal raus war, nicht hinsehen wollen. Stattdessen habe ich im Eiltempo Rotwein getrunken – und zwar so richtig. Nicht, dass Anna und mir das nicht auch sonst mal passiert wäre, dass wir redeten und redeten und dabei Glas um Glas leerten. Aber an diesem bestimmten Abend hatte es etwas von dem Versuch, sich eine Situation schön zu trinken, die beim besten Willen und mit dem besten Rotwein nun wirklich nicht mehr schön zu trinken war.

Um dir den Umweg und den massiven Kater zu ersparen (das hier wird zu einem echten Katzen-Kapitel), lass uns das Ding lieber gleich auseinandernehmen und von allen Seiten betrachten. Dann haben wir das hinter uns.

Vorher möchte ich noch einmal kurz auf *eat the frog* zurück-kommen – eine der wesentlichen Erkenntnisse meiner Reise zu mir und meinem Leben, die ich nie mehr vergessen werde (und die dich und mich davor schützen wird, jemals wieder in eine echte Krise zu laufen).

Wenn du aufmerksam bei mir bist, hast du schon mitgenom-men, dass Angst und Furcht unsere Gehirne zumachen. Es gibt das sogenannte Yerkes-Dodson-Gesetz, das zeigt, wie Leistung und Aktivierung (und auch Stresslevel) miteinander verbunden sind. Je stärker unsere Erregung, Angst, sogar Panik wird, desto mehr macht unser Hirn zu – und umso weniger Leistung zu erbringen sind wir in der Lage. Das ist so, als würden der Stress und die Angst auf unsere Kanäle drücken und sie zumachen – einfach ausgedrückt. Gute Gedanken, Kreativität, intellektuel-les Wissen, all das ist dann kaum bis gar nicht mehr für uns abrufbar.

Das heißt, auf unsere jetzige Situation bezogen, unsere Zwingerthemen sorgen bereits für einen hohen Stresspegel. Das Leistungspotenzial, das wir dringend bräuchten, um un-sere Krise zu lösen, ist für uns aber immer weniger abrufbar, je größer die Angst wird. Unsere Kanäle sind längst zu. Und die Angst, die auf unsere Kanäle drückt, wird größer, je länger wir uns in der Krise befinden. Also noch weniger gute Gedanken. Noch weniger Lösungen.

Spitze! Klingt danach, als gäbe es keinen Ausweg. Doch den gibt es. Du hast ja mich. Und ich wiederum hatte Anna.

Die ersten Schritte sind wir ja schon zusammen gegangen. Nun geht es ans Eingemachte. Wenn du verstanden hast, wodurch deine Angst deine Leistung blockiert, drehen wir das Ganze einmal um. Wenn wir jetzt mit dem Thema, der Furcht, dem Problem, das du am schlimmsten findest, starten, also damit, was für dich am unzumutbarsten erscheint, dann löst du direkt die größte Leistungsblockade. Nimm dir das Thema vor, das gerade am schwersten auf dem Kanal liegt. In anderen Worten:

Eat the frog first. Schlucke die dickste Kröte zuerst.

Arbeite immer das zuerst ab, was dich am meisten gruselt. Eat the frog ist eigentlich eine Zeitmanagement-Methode aus Amerika. Sie basiert auf dem Sprichwort von Mark Twain: »Eat a living frog every morning and nothing worse will happen to you the rest of the day.« Iss morgens einen lebenden Frosch, und das Schlimmste liegt für den Rest des Tages hinter dir. Bei uns geht es nicht um Zeitmanagement, sondern um unsere Befreiung und um ein selbst gestaltetes, für uns richtiges Leben. Auch dafür ist die Eat-the-frog-Methode großartig.

Vielleicht klingt es für dich erst mal verdammt schwer, dicke Kröten zu schlucken und unangenehme Dinge als Erstes zu erledigen. Ich verstehe das. Ich will nur, dass du dir darüber im Klaren bist, wenn du aus dem, was dich fertigmacht, raus willst, dann solltest du mit dem Frogeating loslegen. Es gibt keinen angenehmen Weg aus dem inneren Käfig heraus. Das Angenehme, die Früchte dessen, was wir jetzt gerade gemeinsam säen, die Freude, die positiven Auswirkungen kommen, sobald wir aufgehört haben, das Hässliche zu verdrängen, sobald wir damit beginnen, Verantwortung zu übernehmen und in die Lösung zu kommen. Und zwar: nur dann.

Wie hat Eat The Frog bei mir ausgesehen? Ohne zu viel vorwegzunehmen: Im Nachhinein war vieles fast zu naheliegend, um eine so massive Wirkung haben zu können. Vieles davon, was am Ende meine Lösungen, meine Befreiungen waren, war einfach. So einfach, dass ich mir oft gegen die Stirn schlug und mich fragte, warum ich so blind gewesen und nicht früher darauf gekommen war. Ich musste eben sehr komplizierte Umwege nehmen, um im Einfachen zu landen. Mein eat the frog – daily: Ich habe meinen Biorhythmus vollständig verändert. Wie schon erwähnt, bin ich in der Lösungszeit meiner Krise regelmäßig sehr viel früher ins Bett gegangen und sehr viel früher aufgestanden. Wenn ich dann wirklich wach und bereit war, habe ich mich mit einem Glas lauwarmen Wassers (ein Tipp meiner Meditationslehrerin-Freundin Julia, das soll den Stoffwechsel nach vorne bringen und gibt mir morgens ein Klarheitsgefühl, bevor ich meinen ersten Kaffee trinke) an meinen Handlungsplan gesetzt und mit dem Thema begonnen, das ich am widerlichsten fand. Das war mein Auswahlkriterium. Anwaltsschreiben sind solche ausgesprochen dicken Kröten. Steuerangelegenheiten prüfen, jemanden um Hilfe bitten, den man kaum kennt. Jemanden um Hilfe bitten, den man gar nicht kennt. Einen Anwalt anrufen und ihm sagen, dass man ihn leider gerade nicht bezahlen kann, ihn aber trotzdem dringend weiter braucht. Den Kontostand ansehen. Du siehst, es gab in meiner Situation einige Kröten, bei denen mir das Schlucken so fürchterlich schwer vorkam, dass ich sicher war, ich würde es nicht schaffen (denk dran, ich bin der Harmonie-Hase; das Überbringen schlechter Nachrichten ist für mich ein echter Albtraum). Aber dann, nach ein paar Froschschluckanläufen, hat sich mein Blick verändert. Und damit mein Gefühl für Frösche ganz allgemein.

Ich habe irgendwann zu meinen engsten Freunden, die ja nach und nach Teil meiner Zwingerbewältigung wurden, gesagt: Ich beginne, Geschmack an Fröschen zu finden. Und so war es auch. Nach anfänglichem Ekel vor jedem Frosch wurde das Froschessen für mich fast schon zu einem geliebten täglichen Ritual. Einfach deshalb, weil ich sofort und unmittelbar eine große Erleichterung spüren konnte. Weil ich sogar, ganz heimlich, nach sehr unangenehmen Gesprächen oder Auseinandersetzungen mit den kleinen roten Zahlen auf meinem

Kontoauszug stolz auf mich war. Ein Gefühl, das mir abhandengekommen war. Zwischendurch dachte ich sogar, ich sollte mir einen kleinen Frosch auf mein Handgelenk tätowieren, um mich immer daran zu erinnern, dass es dieser Frosch ist, der mir geholfen hat, mich selbst zu retten. Denn auch wenn die akute Misere überwunden ist, ist es gar nicht so leicht, bei seinen Erkenntnissen zu bleiben und sie wach zu halten. Wir können unserem Hirn leider nicht recht trauen, was einmal gewonnene Erkenntnisse betrifft. Sie sind leider auch schnell wieder weg. Wir müssen also dranbleiben. Warum ich mir das Frosch-Tattoo doch nicht stechen ließ, hängt mit einem echten Tattoo-Trauma zusammen – ich werde wahrscheinlich nie wieder ein Tattoo-Studio betreten können, fürchte ich. Eine schöne-unschöne Anekdote meines Lebens, die ich dir noch erzählen werde – versprochen.

Dieses Gefühl jedenfalls, auf mich selbst in kurzen Momenten wieder stolz sein zu können, dieses Gefühl, etwas geschafft zu haben, das brauchte ich und das braucht jeder von uns, wenn alles andere schon so schwierig und festgefahren ist. Glaube mir, auch wenn deine Angst dir gerade viel Wissen blockiert: Welches gerade die dicksten Frösche in deinem Leben sind, wo sie sitzen und wie du sie runterkriegst, das fühlst du sehr genau, wenn du mit dem Sortieren deiner Stränge fertig bist. Ich hatte meine Problemfelder ja schon mal benannt, als ich sie im Knäuel auf Annas Tisch spuckte. Jetzt musste ich für mich in all meinem Schmerz erst einmal die Reihenfolge klären. Was tut am meisten weh? Was ist akut und braucht sofort meine Aufmerksamkeit? Was kommt danach? Und danach? Wir neigen ja dazu, alle Themen, die gerade doof sind, in unserem Hirn-internen Film zusammenzuziehen. Kennst du sicher: Der Liebste benimmt sich fürchterlich, das Kind hat einen vorpubertären Anfall, im Job geht ein Projekt schief, und dann fällt auch noch die

Lieblingstasse runter und zerspringt in tausend Teile. Wir betrachten das nicht jeweils singulär, so, wie wir gebaut sind im Oberstübchen. Wir ziehen es zusammen, und es wird zu einer dicken dunklen Wolke. Um aber in die Handlung zu kommen, brauchen wir jedes einzelne dunkle Feld allein – wir müssen ja jedes einzelne lösen, ganz für sich.

Wichtigster Schritt nach dem Herauswürgen des Klumpens (oder der dicken dunklen Wolke, das ist vielleicht etwas appetitlicher) ist es, unbedingt wieder aufzuschreiben, in welcher Reihenfolge wir unsere Problemfelder sehen. Welches Thema bringt mich um den Schlaf, um meine Gelassenheit – und warum? Immer das Akuteste, Angsteinflößendste, Schlimmste zuerst.

Der Charme daran, so vorzugehen, lag für mich darin, mir eine Struktur aufzuerlegen, aus der ich so leicht eben nicht mehr ausbrechen konnte. Das war wichtig für mich – siehe: beste Verdrängerin unter der Sonne. Und ich sehe das auch bei meinen Klienten im Coaching. Je mehr Struktur, besonders bei eigentlich weniger strukturierten Menschen, desto weniger Ab- und Ausbruchsmöglichkeiten stehen zur Verfügung.

Ich hatte meine Problemfelder vor mir (auf Annas Tisch), ich hatte jedes einzelne aufgelistet und jedem einzelnen seinen Platz zugewiesen. Ich wusste also, in welcher Reihenfolge ich sie angehen musste, auch wenn ich noch nicht genau wusste, wie. Du wirst staunen, wie viel Mist ich auf dem Weg noch bauen musste, bis ich endlich frei war. Anna und ich drehten eine letzte Sortier-Runde. Und das ist tatsächlich ein weiterer Teil meiner Methode, die ich dir hier weitergeben möchte: Wir hinterfragten noch einmal, auch wenn sich das vielleicht im ersten Moment überflüssig anfühlt.

Byron Katie, ein unglaublich erfolgreicher Life-Coach aus Amerika, hat genau dieses beständige wiederholte Hinterfragen so entwickelt, dass man für sich selbst die größtmögliche Sicherheit bekommt, und sie nennt es »The Work«. Byron Katie macht mit ihrer Methode etwas unglaublich Wirksames und zugleich Einfaches. Sie hinterfragt auf eindringliche Art, ob das, was wir denken, auch tatsächlich dem entspricht, wie es ist. Das ist vor allem bei Problemfeldern, die mit Ängsten verknüpft sind, ein sehr wichtiger Ansatz. Ängste versperren uns ja gern unsere Sicht auf die Wahrheit. Schau dir also die Notizen zu deinen Problemfeldern noch einmal an. Dann frag dich: Ist es wahr? Ist das tatsächlich mein schlimmstes Problem? Hat es den richtigen Platz? Habe ich alle Problemfelder aufgelistet? Gibt es nichts mehr, was sich in mir versteckt? Fehlt mir nichts?

Bei mir war es ja so, dass mir Anna, als ebenfalls ausgebildeter Coach, schon an jenem Abend in Köln ein paar dieser Fragen – in einer für unseren Rotweinpegel geradezu unglaublichen Strukturiertheit – gestellt hatte. Ich habe mich schwergetan. Das Vertrackte daran, seine eigene Situation über eine Weile nicht genau anzusehen, sich das verkomplizierte Leben nicht genau zu vergegenwärtigen, den eigenen Schmerz nicht zuzulassen, sich lieber zu verschließen und abzulenken, ist, dass man wahnsinnig schlecht wieder an all das herankommt, was man in sich so mühsam verschnürt und versteckt hat. Sollten dir die vorangegangenen Fragen also schwergefallen sein, ist das völlig nachvollziehbar. Denke daran, wir sind in einem Prozess.

Das bedeutet, nichts von alldem, was du bislang erkannt und hoffentlich auch gleich aufgeschrieben hast, keine Antwort auf eine der Fragen, die ich dir schon gestellt habe, ist in Stein gemeißelt oder muss für dich morgen noch genauso zu beantworten sein wie heute. Wir Menschen sind so: Unsere Bewertungen – gerade die unserer eigenen Situation – sind in Bewegung. Unsere Situation sieht anders aus, wenn man sie nahe heranholt, als wenn sie etwas weiter weg ist. Mal tut das eine mehr weh, mal das andere. Mal nimmt die Existenzangst den Fokus vom Liebeskummer, und dann wieder kommt ein Whitney-Houston-Song, und dein Kontostand ist völlig egal, nur das gebrochene Herz will betrauert werden. Das macht aber die Beantwortung der Fragen nicht weniger wertvoll. Es geht mir ja darum, dich erst einmal in die Auseinandersetzung mit dir und deinem Gefühl zu bringen und für dich eine jetzt gerade schlüssige Bewertung deiner Situation zu finden. Alles vor dir zu haben, in jede tiefe Ecke einen kleinen Lichtstrahl zu senden, schafft Klarheit.

Wir merken: Probleme sind beweglich wie Yogis. Biegsam und flott, immer wieder irgendwie anders. Hauptsache, wir machen sie uns also erst einmal bewusst, genau so, wie wir sie jetzt gerade wahrnehmen.

Für mich war an dem Abend in Köln klar geworden:

Meine ehemalige Geschäftsbeziehung, mit den beiden Prozessen und der drohenden Steuerschuld – da musste ich ran. Ich musste schnell eine Lösung finden (und ich hatte das klare Gefühl, eigentlich schon alles getan zu haben – völlig falsch, wie sich herausstellen sollte).

Meine Scheidung konnte nicht so schleppend weitergehen. Ich musste mich mit meinem Noch-Ehemann auseinandersetzen. Ich musste raus aus Angst und Schuld und eine klare Haltung finden. Und sie durchziehen, auch wenn es wehtat.

Meine Beziehung tat mir nicht gut. Ich konnte dafür gerade nicht so viel Energie aufbringen, denn die brauchte ich dringend dafür, meinen Hintern zu retten. Ich musste da also erst einmal raus und sie beenden.

Ich musste gesund werden und mir guttun. Auf meine Kraft achten, mich aufbauen, mir neue Rituale geben.

Die gute Nachricht: Ich hatte alles aufgedröselt. Die schlechte Nachricht: Ich hatte nicht den leisesten Hauch einer Ahnung, wie ich das alles umsetzen sollte. Jeder einzelne Punkt war mit einem Haufen Angst verbunden. Geschäft und Scheidung mit enormen Existenzängsten. Beziehung mit Angst davor, dann alleine dazustehen (was ich gefühlt auch an diesem Abend schon tat – aber dann fühlte es sich noch alleiner an als allein). Jemanden zu verlieren, den ich, wenn es mir gut gegangen wäre, vielleicht nicht hätte verlieren müssen. Kraftaufbau mit dem eh schon überbordenden Überforderungsgefühl und der Ahnung, dass ich mir schlicht zu viel vornehme und dann nichts davon mache.

Das ist im Übrigen eine der großen Gefahren, wenn man sich ganz alleine in den Aufräumprozess hineinbegibt, dass man das Knäuel zwar vor sich hat, es auch soweit aufdröselt, die einzelnen Stränge, aus denen die Mistsituation besteht, entschlüsseln und sehen kann, dann aber alles schnell wieder zusammenknäult und tatsächlich – voll angeekelt zwar – wieder runterschluckt, weil man schlicht nicht weiß, womit man anfangen soll. Und weil man Angst davor hat, was passiert, wenn einen die Ängste überrollen.

Das wollen wir bitte unbedingt vermeiden. Dein Mantra, genau wie mein Mantra, muss sein: Ich verdränge nichts mehr. Ich sehe mir alles an. Ich finde Lösungen. Ich schlucke Frösche. Und wieder von vorne. Yeah! Das erfordert eine Fähigkeit, die meine Freundin Anna von einem sehr weisen Mann gelernt hatte.

Anna, meine Erweckungs-Freundin mit dem großen Burnout-Zusammenbruch, hat mir aus ihrer Chiemsee-Klinik-Zeit erzählt, dass sie dort einen ganz wunderbaren, verständigen, bayrisch-indischen Therapeuten hatte, der ihr etwas für sie ganz Entscheidendes mitgab, das auch uns beiden – dir und mir – helfen soll: *Jede Veränderung deines Handelns verlangt vor allem deine volle Konzentration.*

Sobald du beginnst, dich ablenken zu lassen, fällst du zurück in dein altes Muster. Erst wenn du willens bist, dich der Veränderung hinzugeben und sie über alles andere zu stellen, wirst du es schaffen.

Hast du schon mal versucht, abzunehmen? Dann kennst du das Prinzip. Du nimmst dir vor, die drei Kilo, die die unverschämt leckeren Pain au chocolat aus dem vergangenen Frankreich-Urlaub mit sich brachten, so schnell wie möglich wieder loszuwerden. Wenn du dir das vornimmst, dich dann aber doch abends, im ablenkenden Gespräch, beim Salatessen über den Brotkorb hermachst oder morgens beim Frühstück das Nutella-Glas öffnest, wirst du die Extrapfunde genauso behalten wie andere Urlaubsandenken. Wenn du dich aber bei jeder Mahlzeit voll darauf konzentrierst, dass du erst einmal deine alte Form zurückhaben willst, bevor du wieder etwas lockerer mit dir in Sachen Genuss umgehen kannst, wirst du dir wenige bis gar keine Ausrutscher erlauben.

Wir können unseren Fokus bei allem, was wir angehen, kurz verlieren. Aber wir können uns dann refokussieren, wenn wir uns konzentrieren. Das ist das Prinzip, das sich genauso eben auf jede Veränderung von uns anwenden lässt. Du beschließt sie innerlich. Und du lässt dich vielleicht ablenken. Aber du bemerkst die Ablenkung, kannst gegensteuern und dich wieder auf deinen Kurs zurückbringen. Du bleibst mit deiner Konzentration bei dem, was du verändern willst. Das ist schwer. Wusste auch Annas Therapeut. Aber es ist möglich. Und nur so schaffen wir es, Teile unserer Muster zu knacken und wieder zu strahlen. Und merke: Je dunkler es war, desto besser fühlt sich das Leuchten an!

Wir schlucken nichts mehr hinunter (außer Fröschen), und wir verdrängen nichts mehr. Wir schenken jedem Teil unseres Veränderungsprozesses volle Aufmerksamkeit. Wir konzentrieren uns jetzt nur auf das, was uns schmerzt sowie vor allem auf das, was diesen Schmerz in uns beendet. Wir ziehen an dieser verdammten Kette, bis sie länger ist. Wir sehen unser Ziel, und das liegt außerhalb des Zwingers. Wir gehen dafür jede, JEDE Extrameile. Und wenn wir das getan haben, geklärt und befreit und vor allem erleichtert sind, dann leuchten wir so hell, dass es keinen verdammten Fitzel Dunkelheit mehr gibt. Klaro?

5

Lösen:
Machen wir Augen, Hirn und Herz auf — und suchen mit System.

Jedes Problemfeld, jeder Teilaspekt liegt ja jetzt vor uns. Nun gilt es, den Lösungsansatz zu suchen. Und unser Ziel klarzukriegen.

ösungen finden – und somit Entscheidungen für oder gegen etwas treffen, das war für mich die größte Herausforderung. Dagegen war das Herauswürgen meines Knäuels ein kleiner Spaß. Daher wird dieses Kapitel für uns beide eine fette Herausforderung, weil ich eben nicht direkt neben dir sitze und dich durch den folgenden Prozess begleiten kann, wie ich es als Coach jetzt tun würde.

Unser erstes Ziel ist klar: raus aus dem Festgefahrensein. Damit, wie wir unser wundervolles Restleben gestalten, wenn wir uns erst einmal befreit haben, beschäftigen wir uns anschließend. Also, raus aus dem inneren Käfig, rein in die gesunde Form von Willenskraft und dann in die Freude. Einen anderen Weg gibt es für uns schlicht nicht mehr. Um das schaffen zu können, sollten wir verstehen, was in unseren Hirnen gerade abgeht – ein weites, faszinierendes, auch beängstigendes Feld! Als ich meine erste Coaching-Ausbildung begann, hatte ich noch wenig bis gar keine Ahnung davon, wie komplex wir neuronal, also in unseren Gehirnen, funktionieren. Der ganze Neurowissenschaftshype war noch in seinen Anfängen und ich hatte meine eigenen Schwierigkeiten, in die Handlung zu kommen, Dinge wirklich in die Tat umzusetzen und nicht zu verschieben (das hat nicht zuletzt meine eklatanteste Krise ausgelöst). Aber meine Schwäche habe ich in meiner grenzenlosen Selbsthärte nie auf andere übertragen oder bei anderen so wahrgenommen. Im Gegenteil: Ich hatte den Eindruck (inzwischen weiß ich, dass das selbst hochdekorierten Leistungsträgern durchaus so geht), dass alle anderen ihre Ideen und Visionen deutlich besser umsetzen. Dass das viel mit meiner Motivation, mit inneren Hürden, mit doofen Glaubenssätzen zusammenhing, dass es wirksame Methoden gibt, Wissenschaftler längst mit bildgebenden Mitteln wie MRT nachweisen konnten, wo wir im Hirn hängen, wenn wir hängen – all das wusste ich damals noch nicht. Ich habe mich immer als besonders schwach empfunden, wenn ich mich mit starken Superfrauen und ihren scheinbar unverrückbaren Selbstmotivationen verglichen habe. Zu solchen zermarternden Vergleichen neigen gerade wir Frauen ja nun mal leider. Uns selbst innerlich ordentlich einen reinzuwürgen, das scheint für uns irgendwie geradezu naheliegend zu sein.

Dieses erste Wochenende mit den gleichgesinnten (aber deutlich vorgebildeteren) Coaching-Schülern und vor allem Schülerinnen, war für mich auch ein besonderes Erlebnis. Es schien mir, als habe sich vor mir ein Meer angefüllt mit reinem Wissen aufgetan und ich hätte einen fröhlichen Sprung hineingetan. Weg von den Mutmaßungen, dass nur ich der Geisterfahrer bin, während alle anderen auf ihrer glatten Reise in der richtigen Richtung über achtspurige Autobahnen fahren. Weg von der Annahme, dass nur ich – so wie die Männer, die mir bis dahin vermeintlich mein Leben schwergemacht hatten – neuronal unterbelichtet bin.

Ich hatte eine wunderbare Ausbilderin, die erst meine Freundin, dann meine Geschäftspartnerin, dann Teil meiner Krise wurde und die heute wieder eine meiner engsten Freundinnen ist. Jaja, ich weiß. Du musst das noch nicht verstehen. Wir kommen noch zu Katrin.

Ich verstand jedenfalls an diesem ersten Wochenende, und ich möchte, dass auch du es verstehst, jetzt, wo wir uns deinen

Lösungen widmen: Ein Großteil der Menschen weiß innerlich, tief drin im Hirn, was eigentlich (!) richtig für sie ist. Wir haben eigentlich (!) ein Bild, eine Vision, ein Ziel. Wir wissen, worin wir wirklich aufgehen würden. Worin wir dementsprechend auch wirklich gut sind. Und trotz dieses Wissens gibt es innere Hürden, die uns davon abhalten, unsere Vision zu verwirklichen und unser Ziel zu erreichen. Ist das nicht irre? Sind wir nicht irre? Wir wissen eigentlich, wohin, aber wir hindern uns selbst, dahin zu kommen. Und Gott sei Dank ist es nicht nur bei mir so, und auch nicht nur bei dir!

Unsere Ziele und Visionen begleiten uns. Sie wabern in uns. Sie verändern sich vielleicht über die Jahre. Aber lange gehen wir, die wir nicht zu den wenigen Supertalenten in Sachen »Den eigenen Traum leben« gehören, mit unseren Zielen und Träumen und Visionen viel zu wenig konkret um, als dass wir sie so tatsächlich umsetzen könnten. Oder anders ausgedrückt: Wir trauen uns nicht. Etwas hindert uns, unsere inneren Visionen anzugehen. Wir haben das Wesentliche schlicht noch nicht verstanden. Wenn wir etwas leben oder etwas erreichen wollen, dann muss dieses Ziel konsequent und klar in unseren Fokus rücken. So konsequent und klar, dass der Rest der inneren und der äußeren Welt uns darin folgen muss. Und das geht nur, wenn wir uns auch alle Hindernisse ansehen und Lösungen für sie finden. Wenn wir das verstehen, dann verstehen wir auch, dass wir unsere inneren Wünsche, wie unser Leben sein sollte, wo wir hinwollen, zu unserem Willen machen müssen.

Wünsche sind die weicheren Formen. Die, die beeinflussbar sind von außen, die sogar von außen, also von anderen, erfüllt werden können. Die sich auch gar nicht erfüllen müssen.

Der Wille und die daraus entstehende Willenskraft sind sehr viel unbedingter. Der Wille duldet kein »geht nicht«. Keine

Ausflüchte. Der Wille löst die inneren Hürden, verschiebt Berge und findet Auswege, wo es erst mal gar keine zu geben scheint. Der Wille hat einen Handlungsauftrag, und zwar für uns selbst. Wir müssen aus unserem Ziel-Wunsch unseren Ziel-Willen machen – auf eine liebevolle, mit uns selbst stimmige Art. Dann fühlen wir die Kraft, die uns umsetzen lässt.

Wenn du das verstanden hast, so wie ich es damals verstand und erst sehr viel später, nämlich als ich kaum noch atmend an der Kette meines inneren Zwingers hing, wirklich auf mich anwenden konnte, dann darf das auch dich kurz entlasten. Du bist nicht allein. Du bist nicht schwächer als alle anderen, nur weil dir all das hier passiert ist. Und weil du deinen Teil dazu beigetragen hast. Und weil du noch keinen Weg gefunden hast, so richtig herauszukommen. Du bist nicht schwächer, du bist nicht unfähiger, du bist nicht unvollständig.

Du bist, was wir alle sind! Toll und fehlbar zugleich. Das kann nebeneinanderstehen und beides gleichzeitig richtig sein. Also: Sei liebevoll mit dir. Auch wenn du dich gerade nicht besonders liebenswert findest: Du bist es. Und du bekommst dich gedreht. Glaube an mich, wenn du schon gerade nicht recht an dich glauben kannst!

Und wenn du dazu noch annimmst, was ich dir schon angedeutet habe, verstehst du auch, warum dir die Umsetzung von Lösungen bislang so schwer bis unmöglich erschien. Du kannst dich gleich noch besser annehmen und liebenswert finden. Erinnerst du dich? Wenn wir zusätzlich zu unserem nicht immer üppig ausgeprägten Talent, unsere inneren Hürden zu nehmen, auch noch in Stress geraten, kommen wir erst recht nicht mehr an den Weg heran, den wir gehen müssten, um wieder in unsere Stärke zu gelangen und über innere Hindernisse zu springen. Stress ist die Verstärkung der inneren Handlungsunfähigkeit.

Du bist in deine Situation hineinmarschiert. Du bist nicht unschuldig und auch kein Opfer der Umstände. Aber, dass du alleine noch nicht wieder herausgefunden hast, dass es dir, wenn du es zulässt, zwischendurch schlecht geht und dass du noch nicht in deine Handlung kommen konntest, das ist normal. Und es ist nicht schlimm. Es darf kein Grund sein, dich zu all dem auch noch selbst zu zerfleischen. Wer außer dir soll dann am Ende noch leuchten?

All das kannte ich bereits irgendwie aus meiner Coachingausbildung, als mein Leben sich schräg legte, und ich wandte dieses Wissen bei meinen Coaching-Klienten auch wunderbar an. Aber das bei mir selbst in Handlung zu übersetzen, gelang mir (noch) nicht. Ich saß da und sah mir meinen Schlamassel an. Vor allem, als Anna mit mir fertig war. Geschäftsmisere mit drohenden Steuerschulden, Scheidungslähmung, Beziehungsschlamassel, Gesundheitsschlamassel, Jobschlamassel. Dazu der große Haufen Selbstkritik: Ich bin zu wenig für meine Kinder da, ich arbeite zu viel, ich sehe aus wie ein Straßenköter, weil ich ewig nicht beim Friseur war (und für meinen eigenen Straßenköter bin ich im Übrigen auch viel zu wenig da), mein Buch habe ich auch noch nicht geschrieben und all der ganze andere Vorwurfssumpf, der eh schon immer in mir waberte. Und mein Ziel so fern und hübsch am Horizont. Wie sollte ich dahin kommen?

Schritt 2 zu den befreienden Entscheidungen: Jedes einzelne Problemfeld, jede Hürde braucht eine Lösung. Und es braucht eine Menge Kreativität und bislang nicht Gedachtes, um diese Lösung zu finden. Es war ja nicht so, dass ich vor meinem Anna-Abend niemals darüber nachgedacht hätte, wie ich mit meiner gescheiterten Ehe umgehe oder wie ich mich mit meiner ehemaligen Geschäftspartnerin einigen kann. Klar: Ich hatte darauf herum gebrütet, ich hatte einiges versucht, einiges nur gedacht. Ich hatte in jedem Fall in keinem meiner Misere-Felder eine klare Haltung gefunden. Ich hatte keine Strategie. Und daher konnten sich meine Probleme auch nicht lösen.

Neben dem Schlucken von Fröschen ist das einer der ganz zentralen Punkte in einer Krise. Ein Punkt, den du dir so klarmachen musst wie irgend möglich: Egal, ob du eine Liebe verlierst, oder schon verloren hast, ob dein Job weg ist, du eine finanzielle Krise hast, du überlastet bist oder ausgebrannt, ob du kleine Kinder hast und das Gefühl, niemandem mehr gerecht zu werden, ob du allen anderen gerecht wirst, nur dir selbst nicht mehr, ob du einfach Schwierigkeiten hast, in deinem Leben den Sinn wiederzufinden, und sich deine Tage, genau wie deine Gliedmaßen, bleischwer anfühlen – zu jedem der unendlich vielfältigen Gründe, sich schlecht zu fühlen, brauchen wir eine Haltung, bevor wir eine Lösung finden können, bevor wir eine Entscheidung für oder gegen etwas treffen können. Einen Blick von oben.

Ich habe diese Erkenntnis und das dafür notwendige Werkzeug leider erst viel später aus der Kiste gezogen, weshalb ich auch noch einmal kräftig auf die Nase fiel. Aber das wollen wir dir und will ich meinen Klienten unbedingt ersparen.

Wenn du magst, ist hier die passende Übung für dich:

Nimm dir das erste für dich identifizierte Problemfeld und schreibe es auf eine eigene Seite. Lege das Papier auf den Boden, stell dich davor und blicke tatsächlich von oben drauf. Jetzt fragst du dich: Wie stehe ich dazu? Was ist in mir? Wie fühlt es sich an?
Haaalt!

Versuche, noch nicht in einer Lösung zu denken. Frage noch nicht, welche Strategie dir am sinnvollsten erscheint, sondern beantworte dir die erste Frage viel emotionaler: Wie sind meine Gefühle zu meinem ersten Problem?

Zum Beispiel:

Ich bin ausgebrannt: Wie empfinde ich meine eigene Erschöpfung? Wo fühle ich mein Ausgebranntsein? Und wie gehe ich damit um? Nehme ich es – und damit mich selbst – ernst? Versuche ich immer noch, es zu verdrängen?

Meine Liebe ist verloren: Wie empfinde ich meinen Verlust? Wo fühle ich meinen Schmerz? Und wie gehe ich mit ihm um? Nehme ich ihn – und damit mich selbst – ernst? Oder versuche ich gerade, ihn zu verdrängen?

Mein Job ist weg: Wie empfinde ich meinen Verlust? Wo fühle ich meine Verletzung, meinen gekränkten Stolz? Und wie gehe ich mit ihm um? Nehme ich ihn – und damit mich selbst – ernst? Oder versuche ich gerade, ihn zu verdrängen?

Mein Job macht mich nicht glücklich, sondern fertig: Wie empfinde ich meine Enttäuschung oder meinen Ärger über meine Arbeit, die mir nicht guttut? Wo fühle ich sie? Und wie gehe ich mit ihr um? Nehme ich meine Enttäuschung oder meinen Ärger ernst? Oder versuche ich (vielleicht schon ganz lange), sie zu verdrängen?

Wenn du mit dem ersten Problem fertig bist, schreibe dir in Stichworten auf, was deine Haltung, Angst und Empfindung dazu ist. Dann machst du genau das mit dem nächsten Problem. Und mit dem nächsten. Jeweils auf einem eigenen Blatt Papier. Wenn du jedes Problem jetzt einzeln betrachtet hast, bleib in deiner Draufsicht, denn nun wechseln wir zu deinen Lösungen. Du gibst dir von hier aus drei Lösungsansätze, drei Ratschläge, die du nur von oben sehen kannst. Drei für jedes Problem.

Zum Beispiel:

Wenn du erschöpft und ausgebrannt bist:

1. Ich lege mich hin und wandere mit meiner Aufmerksamkeit einmal durch meinen ganzen Körper – ganz bewusst. Danach schreibe ich auf, was die körperlichen Symptome sind, und mache sofort – genau jetzt – einen Termin bei meinem Arzt. Er muss abklären, ob es auch medizinische Gründe für meine Körperanzeichen gibt und ob mein Hormonspiegel bereits Hinweise darauf liefert, dass ein Burnout vorliegen könnte.

2. Ich schreibe auf, welche die fünf heftigsten Stressoren in meinem Leben sind. Nicht zwangsläufig das, was in meinem Leben gerade am meisten Zeit einnimmt, sondern das, was mir hauptsächlich Energie raubt – jedenfalls mehr, als mir Energie zu geben. Zu drei von den fünf Punkten überlege ich mir jetzt – und zwar genau jetzt –, wie ich sie ganz leicht so verändern kann, dass sie etwas weniger Kraft rauben. In der Erschöpfung geht es nicht darum, einen radikalen Schritt zu gehen (denn radikale Schritte kosten Kraft und machen unsicher – beides können wir gerade überhaupt gar nicht gebrauchen).

3. Ich schaue in mein Telefon und gehe meine letzten Nachrichten durch. Ich suche mir einen Menschen aus, den ich (wieder genau jetzt, denn es wird nichts mehr aufgeschoben und mit Erschöpfung ist schlicht nicht zu spaßen) als offizielles Korrektiv auszeichne und den ich bitte, mir zu helfen. Ich rufe ihn an und sage ihm, dass ich erschöpft bin und gerade nicht weiterweiß, dass ich nur möchte, dass er oder sie das weiß und an meiner Seite ist. Dass ich noch keinen echten Plan habe, aber dass ich zu meinem Arzt gehen werde. Und dass ich ihn oder sie bitte, mitzukommen und die daraus resultierenden Schritte zu begleiten. Dass er mir hilft, mich an Essen, Trinken und Schlafen zu erinnern, denn diese Basics können wir verlieren, wenn wir in die tiefe Erschöpfung abgleiten.

Wenn du deine Liebe verloren hast, könntest du für dich folgende Ratschläge – von oben – finden:

1. Ich finde im Moment für mich keinen Ansatzpunkt, diese Liebe zurückzugewinnen. Also werde ich sie loslassen. Ich schreibe einen Abschiedsbrief an mich selbst, an denjenigen oder diejenige, mit dem oder der ich in dieser Beziehung war. Und beende sie damit innerlich.

2. Um sie loslassen zu können, muss ich mich selbst über meine verlorene Liebe stellen und zunächst einmal wieder ganz besonders gut mit und zu mir selbst sein. Ich nehme das in meinen Handlungsplan auf: Einmal am Tag mache ich mir selbst eine bewusste kleine Freude, ich lese ein mir wichtiges Gedicht, ich lächle

mich im Spiegel an oder ich gönne mir ein Stück von diesem unanständigen Schokokuchen.

3. Ich schreibe für mich auf, was ich geliebt habe. Und ich schreibe für mich auf, was ich in unserer Liebe vermisst habe. Ich fühle beides und lasse es zu. Am Ende lege ich das Aufgeschriebene in eine leere Flasche und sende sie im Fluss ab – ohne Empfänger, ohne Absender.

4. Ich frage mich: Wie kann ich in meiner nächsten Beziehung ein besonders toller Partner werden? Was kann ich bis dahin in mir loslassen oder aufräumen, damit ich zum besten Partner werde, der ich sein kann (denn letztlich ist es nur das, was wir in Sachen Liebe wirklich in der Hand haben)?

Wenn dein Job weg ist:

1. Ich gestehe mir ein, warum ich gekündigt wurde oder meine Selbstständigkeit in den Sand gesetzt habe. Was hat dazu geführt? Worin liegt mein eigenes Verschulden? Was hätte ich besser machen können? Wenn ich damit fertig bin, verzeihe ich mir. Ich sage laut zu mir: Ich verzeihe mir. Und ich spüre diesen Worten nach. Wenn ich das Gefühl habe, das ernsthaft genug gemacht zu haben, nehme ich das nächste Blatt und schreibe auf, wer noch daran mitschuldig ist, dass ich meinen Job verloren habe. Dann setze ich mich auch davor und verzeihe denen, die ich ehrlich als mitschuldig empfinde. So lange, bis ich es fühle. Es gibt wenig, was so befreiend ist, wie zu verzeihen.

2. Ich mache mir klar: Will ich in einen ähnlichen Job, auf eine ähnliche Position zurück? Dann überlege ich mir, welche Möglichkeiten ich dafür habe. Wer ist in meinem Netzwerk, den ich ansprechen kann? Wie habe ich den letzten Job bekommen und wer oder was war mir dabei behilflich? Wie kann ich zeitnah eine ähnliche Chance für mich wieder auftun?

3. Ich will diesen Jobverlust dafür nutzen, mir eine neue berufliche Richtung zu geben. Wie sieht die aus? Was wollte ich immer schon machen, habe mich aber bislang nicht getraut? Wer kann mir in meinem Netzwerk dabei helfen, einen Job in dieser anderen Richtung zu finden? Wie recherchiere ich die dazu passenden freien Stellen? Wichtig: Gehe hier noch nicht zu tief in dein Netzwerk. Netzwerke darf man nach Möglichkeit nie überlasten. Nimm diese Vorschläge nur als beispielhafte Lösungsansätze. Nur um dir zu zeigen, dass Querdenken in der Krise ausgesprochen hilfreich ist!

Wenn dein Job dich nicht glücklich, sondern fertigmacht:

1. Ich mache mir klar: Was enttäuscht mich, was ärgert mich, was macht mich unglücklich in der Position oder dem Umfeld, in dem ich arbeite? Welche Punkte sind es genau, die mich quälen? Ich schreibe sie mir auf.

2. Ich kläre für mich: Sehe ich eine realistische Chance, genau diese Felder und Punkte zu verändern? Kann ich in dieser Position und in diesem Umfeld etwas selbst und proaktiv anpassen und damit erreichen, dass es mir besser geht?

3. Ich beschäftige mich damit: Was brauche ich für eine Position und für ein Umfeld, um objektiv am leistungsfähigsten zu sein? Und was brauche ich für eine Position und für ein Umfeld, um subjektiv glücklicher, befriedeter und befriedigter in meiner Arbeitswelt zu sein?

4. Und ich schreibe mir auf: Was hat mich als Kind angetrieben? Wofür hatte ich (früher) immer Leidenschaft und was ist mit diesen Themenfeldern in den vergangenen Jahren passiert? Will ich etwas davon wieder in meinem Leben (re-)aktivieren? Was will ich wirklich tun in meinem Leben? Wofür brenne ich?

Das sind nur Beispiele – es ist außerordentlich wichtig, dass du deine eigenen Lösungen findest, auch wenn ich mich selbstverständlich freue, wenn dich meine Ideen zu Lösungsansätzen inspirieren. Finde eine Haltung zu deinen Problemfeldern, diese Haltung muss zu dir passen und mit dir stimmig sein. Stimmig sein ist im Übrigen ein ganz wichtiger Punkt. Deshalb wirst du auch gleich noch einmal überprüfen, ob alles so stimmt. Warum Überprüfung so wesentlich ist, zeigen meine ersten Lösungsfehltritte.

Dazu sollten erst mal die düsteren Details meines ersten Problems klar sein. Achtung, unschön, vor allem für mich! Mein Problem war ja eine Geschäftsbeziehung, die sich im Nachhinein für mich als ein ernsthaft existenzbedrohendes Wagnis herausgestellt hat.

Ich war mit meiner vorhin erwähnten wunderbaren Ausbilderin, und damals schon Freundin, Katrin in eine ebenso wunderbare unternehmerische Zukunft gestartet. Wir hatten eine tolle Idee und legten los – es fühlte sich herrlich an. Um es kurz zu machen: Das, was wir uns an Erfolg vorgestellt hatten, trat nicht ein, jedenfalls nicht schnell genug (etwas, das ich beim allerbesten Willen nicht für möglich gehalten hätte). Wir hatten uns reingekniet, hatten alles versucht, es irgendwie doch noch möglich zu machen, und waren gescheitert. Katrin wollte irgendwann aussteigen und wir trennten uns – es war schmerzhaft für uns beide. Scheitern. Selbstvorwürfe. Ein Ideen-Baby, das offenbar nicht lebensfähig war. Eine enge Freundschaft, durch die auf einmal der eisige Wind der Aufrechnung wehte. Es fühlte sich an, als hätte ich alles auf einmal verloren: unser Baby und uns. Ich habe mir meine eigene Traurigkeit darüber sehr lange nicht eingestanden, irgendwo verkapselt und verdrängt, so wie die anderen großen Traurigkeiten eben auch. Zwei Jahre später, als ich längst wieder hauptsächlich Fernsehmoderatorin und Coach war, bekam ich dann einen für mich legendären Anruf von meinem damaligen Steuerberater. Er hatte eine Stimme, die irgendwo zwischen Friedhofsgärtner-Intonation und sehr bösem Traum angesiedelt war, und sagte:

»Petra, dein Steuerbescheid ist verändert worden. Dir droht eine Nachzahlung im fünf- bis sechsstelligen Bereich.«

Booom.

So ist das mit dem, was wir zu verdrängen versuchen: Es haut uns irgendwann um. Sehr gerne von hinten, in vollem Lauf – und so, dass wir erst einmal nicht wieder aufstehen. Bevor ich dir berichte, was das mit meinem eh schon taumelnden Selbst angestellt hat, muss ich noch eine Kleinigkeit gestehen: Ich bin nicht nur ein guter Verdränger, ich bin leider auch noch jemand, der Verträge, Steuererklärungen, Bilanzen, Gewinn- und Verlustrechnungen nicht vollends versteht und dazu auch noch nicht mag. Und jemand, der alles versucht, um möglichst schnell an ihnen vorbeizukommen. Das ist eine sehr ungute, geradezu idiotische Mischung, wenn man sich selbstständig macht. Und eine noch schlimmere, wenn man einen solchen Anruf bekommt. Was also auf Hiob und seinen Rattenschwanz aus roten Zahlen folgte, war eine für Außenstehende langweilige Pseudoaufarbeitung, woher nun dieser Gongschlag der drohenden existenzvernichtenden Schulden kam. Oft sind solche Situationen ja besonders fies, wenn sie auf eine alte Angst einzahlen. In meinem Fall eine lange mit mir herumgeschleppte Existenzangst.

Ich hatte, seit ich nicht mehr festangestellte Fernsehmoderatorin bei RTL war, immer mal Existenzängste. Seitdem ich mehr oder weniger alleinerziehend war und somit, abgesehen von dem obligatorischen Kindesunterhalt, allein auf das angewiesen war, was ich nach Hause brachte, wurden diese Existenzängste ausgeprägter. Ich hatte zwar nicht ständig das Bild im Kopf, irgendwann mit meinen Kindern und meinem Hund unter einer Brücke zu landen, aber zumindest hatte ich zu diesem Zeitpunkt schon keine Rücklagen mehr, um zum Beispiel eine längere Krankheitsphase finanzieren zu können. Mein Job beim Hessischen Rundfunk war zwar regelmäßig, aber ohne jeglichen festen Vertrag, meine Coachings und Beratungen verkauften sich mal super, dann – zum Beispiel im Hochsommer und zum Jahresende hin – schleppender. Ich hatte hier und da ein Event, hier und da eine Keynote, aber nix war fix. Und alles sehr wenig planbar.

Als nun der Steuerberateranruf kam und mir den sowieso schon kaum mehr vorhandenen Boden unter den Füßen wegzog, habe ich auf Überlebensmodus geschaltet. Ich habe die Situation nicht von oben betrachtet, und mit Reflektion war erst mal auch nichts. Ich fühlte mich bedroht, meine Kinder bedroht, unser Leben bedroht. Und in diesen Situationen schießt nur noch unser uraltes menschliches Wissen in unser Hirn, unser

Stammhirn feuert. Wenn der Säbelzahntiger aus dem Busch springt – in diesem Fall repräsentiert durch meinen Steuerberater –, gibt es nur drei mögliche Stammhirn-Reaktionen: Totstellen, Flucht oder Kampf. Totstellen und Flucht gingen für mich nicht (auch wenn das sehr charmant gewesen wäre) – denn es ging um meine Kinder, um unser Zuhause, unseren irren Hund. Verlieren war keine Option. Aber Kampfhandlungen, Krieg, juristischer Streit – all das stimmt eigentlich überhaupt nicht mit meiner Seele überein. Ich kann kämpfen, ja. Aber nur für etwas. Nicht gegen etwas oder gar gegen jemanden, zumal nicht gegen einen so nahen Menschen. Ich bin ein Harmonie-Hase, ein Gerechtigkeitsfanatiker, eine echte Waage (hat mir jedenfalls meine astrologie-freudige Freundin Sandra gesagt).

Ich bin also – und das ist der Bogen zu dir – damit, den Weg der juristischen Auseinandersetzung zu wählen, zwar meiner Angst gefolgt, aber Ängste machen tatsächlich blind. Und Angst ist ein schlechter Ratgeber – zwei alte, dennoch richtige Sprichwörter. Ängste haben noch nie (!) zu einer guten Lösung geführt. So habe ich nicht gesehen, dass es mich noch mehr Kraft kostet, den Weg zu wählen, den meine Angst mir vorschlägt und der so gar nicht zu meiner Persönlichkeit, zu meinem Harmonie-Hasen-Wesen passt. Den Weg des erbitterten Kampfes.

Ich habe mal eine sehr schöne Metapher gelesen, die ich dir und auch noch einmal mir selbst an dieser Stelle unbedingt mitgeben möchte, weil sie, wenn wir sie so richtig verinnerlichen, uns ein Leben lang helfen kann (auch wenn ich sie erst im zweiten Lösungsanlauf anwenden konnte). Wenn du dein Leben als eine Autofahrt betrachtest, dann merke dir das Folgende gut: Deine Angst darf immer mit dir gemeinsam im Auto sitzen. Und jeder hat irgendeine Angst, manchmal auch deutlich mehr als nur eine. Deine Angst jedenfalls darf mit im Auto sitzen, hinten auf der Rücksitzbank, und darf immer mal dazwischenrufen, wenn sie meint, sich melden zu müssen. Du solltest sogar dankbar dafür sein, dass sie mitfährt, denn sie schützt dich und dein Leben, weil sie dich aufmerksam bleiben und nicht fahrlässig und gleichgültig werden lässt. Du bist also im besten Falle dankbar, dass sie da ist. Du musst nur – und das ist sehr entscheidend – immer dafür Sorge tragen, dass deine Angst hinten sitzen bleibt. Da sitzt sie gut. Nur wenn du sie nach vorne kommen lässt, bekommt sie zu viel Präsenz auf der Fahrt, die dein Leben ist. Lässt du sie auf den Beifahrersitz, wird sie nicht mehr aufhören, dich zuzutexten, dich zu erschrecken, dir schreckliche Bilder zu malen und vorzuhalten. Sie wird dir ständig von Gefahren erzählen und Teile deiner Aufmerksamkeit vereinnahmen, die du eigentlich auf die schönen Episoden und Begegnungen auf deinem Weg richten solltest. Und sie wird irgendwann versuchen, in dein Lenkrad zu greifen und deinen Weg mitzubestimmen. Sie wird dann komplett die Führung übernehmen. Und das, meine liebe Leserin, mein lieber Leser, darf nicht passieren!

Lasse niemals, NIEMALS deine Ängste an das Steuerrad deines Lebens. Lasse sie nie darüber entscheiden, was du tust, und vor allem auch nicht darüber, was du nicht tust. Du lenkst, und mit dir lenken dein Mut, deine Kraft, deine Freude, deine Erfahrungen und so viel mehr, was zu dir gehört. Deine Angst sitzt hinten, wirft ab und zu einen mittelschlauen Kommentar nach vorne, und dafür – und nur dafür – schätzt du sie und lässt sie mitfahren.

Zurück zu unseren Lösungen, die nicht zu angstgetrieben sein dürfen: Es ist wesentlich, dass wir uns zu jedem Problemfeld Lösungen suchen, so, wie du es hoffentlich schon gemacht hast. Und es ist ebenso wesentlich, dass diese Lösungen zu unserem Gefühl passen und unserem Wesen entgegenkommen, dass wir mit ihnen schlichtweg leben können.

Ich war leider im Stammhirn-Kampf-Modus, und der sah für mich folgende Lösungen vor:

1. Meine Geschäftsdesaster: Anwälte und Steuerberater ansetzen (damit noch mehr Kosten verursachen) und kämpfen

2. Meine Scheidung: meinen Anwalt losjagen, noch mehr Staub aufwirbeln, mich vermeintlich stärker machen, kämpfen

3. Beziehung: abschneiden, beenden

4. Gesundheit: zum Marathon anmelden.

Du ahnst schon: Das waren alles krasse Krawall-Kraftakte. Alles auf Gegenangriff, letzte Reserven mobilisiert, Rest-Muskeln angespannt und los! Ich habe mir einen entschlossenen Gesichtsausdruck zugelegt und mich in den »Ich ziehe mich jetzt aus dem Zwinger«-Modus gepresst. Das schien mir die zunächst völlig richtige Antwort auf alle meine Ängste. Krass werden. Zurückschlagen. Hase im Soldatenkostüm.

Fühlte es sich für mich so richtig an? Nein! Konnte es so für mich funktionieren? Auch nein! Aber das sah ich nicht, ich sah sowieso nicht mehr viel. Meine Angst hatte sich auf meinen Schoß gesetzt, das Lenkrad übernommen und mir in ihrer ganzen Größe die Sicht versperrt. Ich gab nur noch müde Gas, schaltete ruckartig und stieg hier und da auf die Bremse, wenn meine Anführerin mir das vorgab. Ansonsten war ich auf meiner eigenen Lebensfahrt kurzfristig entmachtet. Das konnte nicht gut ausgehen, aber ich hatte mir nun mal einen Handlungsplan gemacht und exekutierte ihn. Wie im Stakkato.

Wichtig: Überhaupt mit dem Handeln endlich angefangen zu haben, war natürlich an sich nicht falsch und bereits ein deutlicher Fortschritt zu meiner Ohnmacht zuvor. Der Vorteil meiner ersten Lösungsansätze war, um meinen Anwälten im Finanzgerichtsprozess und im Scheidungsprozess Stoff liefern zu können, den sie dann in Munition umwandelten, musste ich mich endlich auseinandersetzen. Ich musste also das machen, was ich bis dahin weitestgehend zu vermeiden versucht hatte. Ich stieg in die alten Verträge ein, las Bilanzen, Steuererklärungen, alte Mails mit ellenlangen Ausführungen zu unseren Finanzthemen (immer schön morgens früh – sehr dicke Frösche, sehr unschön zum Schlucken). Ich telefonierte mit Steuerberatern, mit alten Weggefährten, ich klärte meine finanzielle Gesamtwetterlage. Ich musste dabei feststellen, dass ich, wenn ich auch nur eine der beiden Schlachten komplett verlor und zahlen musste, im gleichen Moment in die Privatinsolvenz marschieren würde. Deshalb setzte ich mich mit einer Insolvenzanwältin zusammen und erfuhr, was das für mich und meine Kinder bedeuten konnte. Ich sprach mit meiner Freundin und Kollegin Susann, die eine solche Insolvenz durchgestanden hatte. Weil das Insolvenz-Szenario sich für mich so fürchterlich anfühlte, überlegte ich, wer mir im schlimmsten Falle würde helfen können, bei wem ich mir Geld leihen konnte – auch wenn diese Vorstellung fast noch übler war als die der Insolvenz. Ich pushte mich da durch, immer härter.

Ich handelte auf jeder erdenklichen Ebene im Exekutionsmodus. So auch mit meiner Liebe. Ich beendete diesen Beziehungs-Kraftakt, und zwar kurz und für mich tatsächlich fast schmerzbefreit (ich war sowieso voller Schmerz). Der Mann, der bis dahin an meiner Seite gewesen war, war geschockt. Aber hey, es war nun einmal Teil meiner Planung – und ich war im Umsetzungsmodus. Ich war erst einmal nur froh, Ballast abzuwerfen. Und meine Beziehung hatte sich für mich – schon allein, weil sie viel zu viel Aufmerksamkeit absorbierte – zum Schluss vor allem wie Ballast angefühlt. Außerdem war ich ja zur Pseudo-Soldatin geworden und musste entsprechend auch *lonesome* sein – und nicht *twosome*.

Das klingt sehr oberflächlich, wie ich das so schreibe, als müssten Beziehungen immer zu 100 Prozent funktionieren, damit sie es wert sind, weitergelebt zu werden, als gehörte weggeworfen, was irgendwann irgendwo drückt. Das ist pubertär und hat mit meinem eigenen Beziehungsempfinden nichts zu tun. Trotzdem war mir nach dem Anna-Gespräch klar, dass ich aus der Beziehung raus musste. Warum?

Ich war mit dem Mann, der bei mir war, als der Rest meiner Welt wackelte, gerade einmal ein Jahr zusammen. Es war ohnehin eine wahnsinnig komplizierte Verbindung, mit vielen typischen und untypischen Patchwork-Schwierigkeiten und mit Zeitkomponenten, die auf beiden Seiten nicht unterschiedlicher hätten sein können. Ich pendelte zwischen Hamburg (meine Kinder, mein Hund, meine Coachings, Familie, Freunde, To-do-Listen und eben mein Freund) und Frankfurt (jede zweite Woche fünf Tage TV-Moderation, noch mehr Coachings, noch mehr Freunde, noch mehr To-do-Listen). Ständig das Gefühl, alles zwar irgendwie, aber nichts ganz richtig zu machen. Nicht genug Zeit mit meinen wundervollen, aber schon so riesig gewordenen Kindern zu haben, meinen Coachings eigentlich unbedingt noch mehr Zeit und Kraft widmen zu wollen, meinen traumatisierten Straßenhund immer zu meiner Mutter abschieben zu müssen, wenn gerade wieder Frankfurt-Zeit war, meine Freundinnen zu wenig zu sehen, meine Mutter, meinen Bruder, meinen Garten zu wenig zu beackern, unsere Wäsche nicht fürsorglich genug zusammenzulegen, niemanden zurückzurufen, meine Fingernägel nie so ordentlich lackiert zu haben, wie es einer Fernsehmoderatorin würdig wäre. Meine Fußnägel erst recht nicht. Ach Gott. Und wenn dann zusätzlich die wesentlichen Lebensgrundpfeiler (finanzielle Sicherheit, Gesundheit, Scheidung) schwanken, ist die vorher genannte Grundkonstellation für eine Beziehung ein echtes Problem. Denn dann ist auch die einzige wirkliche Sicherheit, die wir je erreichen können, nämlich die, die in uns selbst ist, unerreichbar. Ohne diese Sicherheit in uns selbst können wir mit niemandem wirklich tief verbunden sein.

Ist man, war ich, in dieser Situation überhaupt beziehungsfähig? War ich überhaupt jemals beziehungsfähig gewesen? Das ist eine spannende Frage, und ich habe darauf überhaupt keine klare Antwort. Ich war zumindest beziehungssehnsüchtig genug, mich einzulassen, obwohl ich keine genaue Vorstellung davon hatte, wie das noch in mein übervolles, unruhiges Leben passen sollte. Und das war wohlgemerkt, bevor der von mir herzlich eingeladene Wahnsinn richtig durch mein Leben steppte. Bei dem Mann, den ich in mein Leben ließ, war es genau andersherum. Er arbeitete schon lange eigentlich gar nicht mehr, widmete sich seinem jüngsten Sohn, Yoga, Literatur und dem Warten darauf, dass ich Zeit für ihn hatte. Wir hatten völlig unterschiedliche Tempi. Diese Kombination aus Über- und Unterforderung, aus viel zu wenig und viel zu viel Zeit, aus immer alles gerade noch irgendwie hinkriegen und immer alles total durchdenken und fast gar nichts mehr umzusetzen müssen, würde schwierig werden, das war sehr schnell klar. Es hätte wohl viel Toleranz und Verständnis auf beiden Seiten gebraucht, beides gab es aber auch bevor es richtig losging mit den Ängsten und dem unsicheren Getanze um die inneren und äußeren Abgründe herum schon nicht.

Unermesslich verstärkt wurde diese Distanz zwischen seinem und meinem Leben, als meine Schwierigkeiten immer größer wurden. Zu diesem Zeitpunkt konnte ich nur noch zwei Formen von Begleitung auf meinem Weg aushalten. Die, die mit mir gemeinsam die Ärmel hochgekrempelt haben und mir halfen, die Gewehre durchzuladen. Und die, die keinerlei Erwartung mehr an mich richteten und mir in regelmäßig-unregelmäßigen Abständen leise Notizen sendeten, dass sie da seien und an mich dächten. Beides ging für meinen Freund nicht. Sein Wunsch nach exklusiver Zeit mit mir schien zu wachsen, je weniger Zeit ich zur Verfügung hatte. Und deshalb ging er, ging unsere Beziehung für mich nicht.

Ich denke, in dieser Erfahrung liegt eine Wahrheit für uns alle, die wir mit dem einen oder anderen Kalenderspruch schon mal mitgenommen, aber vielleicht – so war es bei mir – nicht wirklich verinnerlicht haben: Wenn wir unaufgeräumt, nicht frei in uns sind, wenn uns die Ängste regieren und der Wahnsinn mit uns tanzt, dann ist nur das unsere Aufgabe. Nur das Aufräumen dessen, was gerade ansteht. Klar werden, frei werden, Angst und Wahnsinn ihre Plätze zuweisen. Beziehung leben, einlassen, öffnen, gemeinsam Kompromisse finden, das kommt danach, das kann erst danach kommen. Wir können von niemandem erwarten, unsere eigenen Verstrickungen zu verstehen, die wir selbst nicht verstehen. Erst recht können wir nicht erwarten, dass er oder sie sie mit uns lösen kann.

Vielleicht tat es mir aufgrund dieses Wissens auch nicht weh, sondern nur leid, meinen Freund zu verlassen. Ich wusste einfach, dass es nicht anders ging. Meine Beziehung sofort zu beenden war ein weiterer Teil in der Umsetzung meines Kraftakt-Lösungsplans. Etwas, das sich erst einmal sofort nach Erleichterung anfühlte. Niemandem mehr zusätzlich gerecht werden zu müssen, volle Konzentration auf mich selbst und meine Kinder zu haben. Erleichterung. So, wie wenn man eine pochende Blutblase aufsticht und alles rausläuft. Alle Spannung weicht. Wenn man allerdings die falschen oder unsaubere Instrumente benutzt, ist die Erleichterung nur von kurzer

Dauer. Dann kommt die Entzündung und im Zweifel noch mehr Schmerz. Eine wichtige Einschränkung, denn auch meine Krawall-Beziehungs-Entscheidung sollte noch einmal ordentlich ins Schwanken kommen.

Ein weiterer Hinweis, wie unsanft ich in meinen Lösungen vorwärtsging, war mein nächster Kraftakt. Ich hatte monatelang keinen Sport mehr machen dürfen (Höchststrafe für mich), weil ich dauerkrank gewesen war. Jeder verdammte Bazillus und jedes Virus schaffte es, mich vollkommen umzunieten. Es begann mit einem Toilettenkeim in meinem Rachen, wie mein angewiderter Hals-Nasen-Ohren-Arzt (R.I.P. Professor Jähne) mir nach einem Abstrich spitzlippig mitteilte. Ein Toilettenkeim im Hals – das war für mich so unglaublich sinnbildlich, und gleichzeitig war das der Auftakt eines langen, unguten Krankheitsreigens.

Mit dem Toilettenkeim kamen mehrere Antibiotika, Fieberschübe, Halsweh, als würde mein Kehlkopf in Flammen stehen, und eine über Wochen ahaltende eitrige Angina – was toll ist, wenn man berufsbedingt spricht. Als das endlich durch war, kam ein Erwachsenenkeuchhusten und nahm in mir Platz wie in einem gemütlichen Sessel. Gerade funktionierten meine Stimmbänder wieder, da rasselte alles beim Ein- und Ausatmen, auch das eine nicht zu unterschätzende Hürde, wenn man moderieren oder mit Klienten über ihre Ziele sprechen will. Direkt danach folgte die übelste Neben-, Stirn- und Wasweißichwelchehöhlen-Entzündung, wiederum mit hohem Fieber und Kopfschmerzen zum Losheulen. Diesmal stand mein Hirn in Flammen, jede einzelne Haarwurzel stach wie eine Nadel in meine Kopfhaut. Ich hätte gerne einen Indianer bestellt, der es auf mein Skalp abgesehen hat. Eine Woche, nachdem meine Haarwurzeln sich beruhigt hatten und meine Höhlen befreit waren, waren wir mittendrin in der schönsten Grippewelle, und eine Influenza A holte mich ein vorerst letztes Mal von den inzwischen muskelbefreiten Beinchen. Ich war fertig. Ich war in meiner Zeit als Coach und Moderatorin nie länger krank gewesen als ein paar Stunden. Und wenn doch, hatte ich einfach weitergearbeitet – alles andere ging für mich nicht. Ich war aufgewachsen mit dem schön-schlimmen Leitsatz meiner Mutter, man könne auch mit dem Kopf unterm Arm noch arbeiten. Jetzt lag ich zu Hause, sagte meine Sendungen und meine Coachings ab und war bewegungsunfähig. Mein Kopf war unter meinem Arm, aber an arbeiten war nicht mehr zu denken.

Als ich nach einer gefühlten Ewigkeit endlich wieder gehen konnte und die unvernünftig teuer erkaufte Fuerteventura-Sonne mir ein bisschen Kraft gegeben, Anna mich erweckt und mein Soldatinnen-Kostüm mir einen Hauch Entschlossenheit vermittelt hatte, meldete ich mich zum Marathon an. Ist ja klar, ich hatte sonst nichts vor der Brust. Bis zum Marathon waren es keine sechs Wochen mehr, und ich musste richtig reinhauen, um 42 Kilometer auch nur ansatzweise gesund abliefern zu können. Das hieß: jeden Tag laufen, mindestens zehn Kilometer. An den Wochenenden auch mal dreißig Kilometer, denn mein Körper musste sich ja an die dicken Distanzen gewöhnen, meine Beinmuskulatur musste aufgeblasen werden.

Auch hier: alles irre kraftaktig.

Mein Handlungsplan war ein immer offenes Worddokument, das mich ansprang, wann immer ich meinen Laptop öffnete. Bedeutet: Ich schaffte es, in die Handlung zu kommen. Was großartig war, nach all der Zeit der Schockstarre, inneren Handlungsunfähigkeit und Verdrängung. Aber noch war ich in meinem Handeln nicht frei, sondern getrieben. In anderen Worten, die eine Erkenntnis beinhalten, die ich leider erst später hatte: Die ersten Lösungswege einer Krise sind deshalb wertzuschätzen, weil sie zumindest eine gewisse Auseinandersetzung mit den Problemfeldern bedeuten. Aber diese ersten Lösungsansätze sind dringend zu überprüfen. Stimmt das so wirklich für mich? Muss ich wirklich jeden Kampf kämpfen, um mein Leben zurückzugewinnen? Mit Lösungsansätzen, die – wie meine – nicht überprüft sind, können wir unsere Situation tatsächlich dramatisch verschlechtern. Ging bei mir doch gar nicht? Oh doch.

6

Überprüfen: Richtige Lösungen, falsche Lösungen, fatale Folgen.

Wir überprüfen unsere Gedanken und Glaubenssätze und stellen fest: Meistens ist es nicht der erste Lösungsansatz, der uns befreit – also nicht sofort losgaloppieren.

*B*evor wir uns dem widmen, was meine kurzatmigen ersten Lösungsansätze anrichteten – und vor allem deine überprüfen –, kommen wir kurz zu meiner *Sista* Josephine und zu einem weiteren Hinweis darauf zurück, warum die ersten Lösungsansätze in der akuten Krisensituation nicht zwangsläufig schon passende Lösungen sind. Ich habe dir von Josephine erzählt und davon, wie sie durch jahrelange Überforderung und dann, als auslösendes Ereignis, durch einen beginnenden Flirt ihres Mannes in eine schwere Krise geriet. Nachdem sie das Handy ihres geliebten Ober-Bankers in den Händen hielt und feststellte, dass der Grund dafür, dass er noch später als sonst aus seinem Geldinstitut kam, kein bevorstehender Geschäftserfolg, sondern eine junge Assistentin war, die ihrem Mann bauchpinselige SMS-Nachrichten schrieb, klappte Josephines mühsam errichtetes und gehaltenes Lebensgerüst mit einer nicht zu erahnenden Wucht in sich zusammen. Es war nicht nur die Enttäuschung über das Fremdflirten, das sie ebenso wenig für möglich gehalten hätte wie den Verrat an ihr, an ihrem Lebensmodell, an der ganzen Familie. Es war, als wären in diesem Moment ihr Leben und all die Mühe, die sie sich dabei gegeben hatte, es aufzubauen und aufrecht zu halten, von ihrem Mann ad absurdum geführt worden. Als würde er nicht nur nicht ausreichend wertschätzen, was sie tat und wie sie es tat (letztlich auch, um ihm seine Karriere trotz der drei Kinder und trotz einer so vielschichtigen Frau überhaupt möglich zu machen), sondern als würde er es verspotten. Sie fühlte sich, als

119

hätte ihr Mann all ihre Mühe mit Füßen getreten. Als wäre nicht nur alles umsonst gewesen, sondern die Steigerung: Als wäre alles falsch.

Josephine tobte. Innerlich. Bevor sie zusammenbrach. In genau diesem Moment, in dem das ganze Leben auf einen einzuschlagen scheint, eine Lösung finden zu wollen, ist quasi unmöglich. Und so war auch das, was Josephine in voller Verletzung versuchte, eben nur ein Lösungsversuch, der so nie hätte fliegen können. Sie warf ihren Mann raus.

Sie hörte ihn gar nicht erst großartig an. Alles, was er hätte vorbringen können, wäre für sie nur noch mehr Hohn und Spott gewesen, so angeschossen, wie sie sich fühlte. Sie warf ihn raus und verbat sich jeden Kontakt.

Lass uns Josephines Geschichte hier kurz anhalten – wie es weiterging, erfährst du natürlich noch. Aber ihr erster Handlungsversuch aus der Misere heraus zeigt, dass wir uns mit einer nicht überprüften Lösungshandlung häufig nur selbst noch tiefer in die Krise stürzen. Dem ersten Impuls zu folgen ist, genau wie bei mir, reines Überleben. Das ist völlig verständlich – und es ist selten richtig. Wenn wir sofort losschießen, sehen wir die Hindernisse gar nicht, die uns auf diesem Lösungsweg erwarten können.

Was wir bislang gemeinsam gemacht haben, du und ich: Wir haben angenommen, dass wir uns selbst in eine eingezwängte Lebenssituation gebracht haben, uns eingesperrt haben in einem Leben, das uns nicht gerecht wird. Wir haben wahrgenommen, wie unser Körper darauf reagiert, wir haben (hoffentlich) angefangen, unsere Kraft wieder ein wenig aufzubauen und den eigenen Raubbau aufzuhalten. Wir haben unseren Zwinger einmal von oben betrachtet, uns und unsere Gemengelage sortiert. Wir haben erste Lösungen für unsere Problemfelder gefunden. Alles sehr wertvoll. Was wir jetzt tun – und zwar nach Möglichkeit, bevor wir krawallmäßig losspringen, uns fast strangulieren, weil die Kette noch um den Hals geschlungen ist, und unsere ersten Lösungsideen durchboxen (also unseren Bankenvorstand vor die Tür setzen): Wir setzen uns mit jedem einzelnen Lösungsansatz noch einmal ganz bewusst auseinander. Wir hinterfragen: Ist das tatsächlich so? Was steht am Ende dieses Weges, wenn ich ihn so umsetze? Welche Hürden kommen auf mich zu? Wie kann ich sie integrieren? Steht am Ende dieses Weges wirklich das, was ich mir vorstelle, mein Ziel? Will ich das?

Im Coaching mit Führungskräften rege ich immer wieder dazu an, die Prozesse und Entscheidungen vom Ende her zu denken. Habe ich schon gesagt, was für ein miserabler Eigenkrisencoach ich war? An solche grundlegenden Tools in mir bin ich überhaupt nicht mehr herangekommen.

Aber Lösungen umzudrehen und von hinten zu betrachten, ist eine ausgesprochen gute Strategie. Und zwar bitte bevor wir umsetzen. Am Anfang von Kapitel 5 haben wir von oben auf deine Situation geschaut, damit du Lösungsansätze für dich überhaupt erahnen kannst. So ähnlich funktioniert das mit dem Betrachten von hinten auch. Wichtig ist, dass wir in den Momenten, in denen wir uns in unsere unteren Bewusstseinsschichten begeben – und das machen wir in einem Moment des Hinterfragens sehr stark –, ehrlich mit uns bleiben. Das macht diesen Prozess so spannend, aufregend, anstrengend und zutiefst nervig. Er kann nur funktionieren, wenn wir uns nicht schonen. Auch in den Momenten, in denen Schonen so unglaublich viel schöner wäre. Also los.

Man betrachtet jeden Lösungsansatz noch einmal ganz für sich alleine. Dazu nimmst du dir deine aufgeschriebenen Lösungsansätze vor und schreibst jeden einzelnen noch einmal auf ein eigenes Blatt. Jetzt schreibst du jeweils unter deinen

Lösungsansatz, was das Ergebnis, die jeweilige Reaktion zu diesem Ansatz ist.

Wohin führt meine gefundene Lösung?
Was ist der größte Schmerz, der größte Verlust, die
übelste Nebenwirkung, die größte Hürde, Unstimmigkeit
dieses Lösungsweges?
Wie gehe ich damit um?
Will ich das so?
Will ich das wirklich so?

Du wirst vermutlich denken, ich hätte die letzten beiden Fragen angetrunken oder im Halbschlaf geschrieben, weil sie sich wiederholen. Nein, keine Angst, ich bin da ganz klar und frisch. Ich hatte dir schon kurz von Byron Katie geschrieben, die mit ihren Überprüfungsfragen auf der ganzen Welt Menschenleben verändert. Ich finde ihre Methode nicht auf alles anwendbar und für mich persönlich nicht vollkommen stimmig – vielleicht bin ich aber auch einfach noch nicht tief genug in sie eingestiegen. Aber was wir in jedem Fall von Byron Katie lernen können, ist die Technik, die eigenen Gedanken zu überprüfen und eben auch einmal umzudrehen. Das finde ich hilfreich. Und genau deshalb gehe ich dir gerade mit meinen eigenen Überprüfungsfragen auf die Nerven.

Hätte ich jeden meiner Lösungswege – und sie waren ja alle gleichermaßen krawallig und Rückenmark-gesteuert – so überprüft, wäre ich viel schneller und ohne große Kollateralschäden aus meinem Käfig rausgekommen. Ich wäre viel schneller bewusst geworden. Ich hätte viel schneller meinen Willen und meine Willenskraft aktiviert und mein Leben selbst gestaltet. Hätte, hätte, Zwingerkette.

Ich glaube tatsächlich, dass ich dieses Buch überhaupt nur deshalb schreiben kann, weil ich mich selbst so massiv an meine innere, verdammt kurze Zwingerkette gelegt hatte und weil ich so lange gebraucht habe, um mich endlich loszumachen. Weil ich so viele Umwege gegangen bin, so oft danebenlag. Nur durch meine Blöd- und Blondheiten, die daraus entstandenen Fehler und die wiederum daraus entstandene Kraft – nur dadurch habe ich verstanden, wie Befreiung und Willen funktionieren. Und letztlich auch, wie Coaching und Begleitung funktionieren kann. Wer selbst nie den Grund berührt hat, wer nie die metallische Kälte der selbst umgelegten Kette gefühlt hat, ist Theoretiker und kann somit auch nur theoretische Ratschläge geben und theoretische Ratgeber schreiben. Ich will gar keinen Ratgeber schreiben, weder einen theoretischen noch einen praktischen. Ich will helfen. Ich will einen Prozess anstoßen und einen Weg und eine Methode zeigen. Ich will, dass möglichst viele gute Menschen sich befreien und hinausmarschieren in ein freies, selbst gestaltetes Leben. Dafür sollten wir in der begrenzten Zeit, die wir zur Verfügung haben, antreten, oder?

Zurück zu unseren Lösungen: Jede einzelne solltest du überprüfen. Knöpfe sie dir vor, schaue ihnen tief in die Augen, und sei vor allem ehrlich mit dir und mit ihnen. Wozu führt meine Lösung? Was ist der größte Schmerz, der größte Verlust, die übelste Nebenwirkung, die größte Hürde, Unstimmigkeit dieses Lösungsweges? Wie gehe ich damit um? Will ich das so? Will ich das wirklich so? Und von vorne. Kürze nicht ab. Das kostet dich jetzt ein paar Extrameilen und Anstrengungen, ist aber unvergleichlich kürzer, einfacher und vor allem unanstrengender, als erst einmal falsche Lösungswege in die Umsetzung zu bringen und damit die Zwingerkette zu verkürzen, den Handlungsradius zu verkleinern. So, wie ich es tat, anstatt mich zu befreien. Wie das genau bei mir aussah, verrate ich dir gleich.

Zuerst der nächste Schritt für dich: Lasse deine Lösungsfragen und Antworten bitte ein bisschen auf dich wirken. Schlafe eine Nacht darüber.

Das ist wieder so ein Kalenderspruch, den wir im Zweifel alle schon einmal von Eltern oder Großeltern zugerufen bekommen und so mittelernst genommen haben. Schlaf darüber. Das war für mich, als Heldin der Hektik, ganz absurd. Ich war durch Anna erweckt worden. Ich spürte meine Kette am Hals und das strangulierende Gefühl, wann immer ich einen kleinen Sprung tat. Ich wollte raus aus dem Zwinger, und zwar jetzt sofort! Ich wollte handeln. Dann entscheide dich.

Kennst du die Schlafdarübers von früher: Schlafe darüber, bevor du mit dem Blockflöten-, dem Klavier-, dem Ballettunterricht aufhörst. Schlafe darüber, bevor du dir die Haare abschneiden lässt oder mit dem Zahnspangenjungen mit dem fiesen Mundgeruch Schluss machst. Später dann, auf jeden Fall schon mit achtzehn, sonst wäre es niemals als Bitte formuliert worden: Schlafe bitte noch mal drüber, bevor du dir das Bauchnabelpiercing stechen lässt, Petra! Ich habe mir das in meiner Kindheit und Jugend häufiger anhören müssen und leider viel zu selten umgesetzt. Vielleicht hätte ich heute eine funktionierende Ehe mit dem netten Zahnspangenjungen und einen inzwischen abgestorbenen Geruchssinn sowie kein Loch im Bauchnabelbereich.

Davon ausgehend, was wir heute wissen, ist das »Schlaf darüber, bevor du handelst« eine ausgesprochen weise Angelegenheit. Doof, wenn man sich in schlafbehinderten Krisenzeiten befindet. Selbst ein paar mickrige Stündchen Schwitz-Rollmops-Hinundherwälz-Schlaf vor einer weitreichenden Entscheidung sind besser, als diese sofort durchzuziehen. Es gibt unendlich viele Studien zu diesem Thema. Eine hat mich und meine Erfahrungen besonders bestätigt, und sie kommt aus den Niederlanden. Darin wird untermauert, was sich in meinem Leben ebenfalls immer wieder bestätigt hat: Im Schlaf werden Entscheidungen und Denkprozesse verändert. Nachts verarbeitet das Gehirn intensiv das Erlebte, trennt Negatives von Positivem. Macht das die Entscheidungen wirklich besser? Ja, sage ich und sagt die Studie von Ap Dijksterhuis von der Universität Amsterdam. Intensives Nachdenken am Tag befördert nämlich nicht alleine, die beste Entscheidung zu treffen. Entspannung dagegen schon. Im Schlaf kommt die Kreativität. Auch wenn dir dein eigener Zwinger nicht so vorkommt, als müsste man ihn besonders kreativ öffnen: Oh doch, das müssen wir.

Darum: Lösungen überprüfen. Aufschreiben, was dazu gefühlt und aufzuschreiben ist. Und dann liegen lassen und entspannen. Morgen noch einmal ansehen und entscheiden, ob dieser Weg tatsächlich dein Weg ist oder ob du, frisch und kreativ, noch einmal alles von oben betrachten und nach einer anderen Lösung fahnden könntest und solltest. Oder vielleicht deine erste Lösung ein bisschen modifizierst – manchmal ist es nur das.

Hätte HÄTTE H!Ä!T!T!E! ich das mal genauso gemacht.
Ich hätte mich nicht selbst so verletzt beim Sprung an der immer kürzer werdenden Kette. Ich hätte auch die beteiligten Menschen nicht verletzt und aufgeschreckt. Ich hätte nicht für so viel Verwirrung gesorgt. Habe ich aber. Ich startete in den Kampf und merkte mit dem ersten Stoß ins Jagdhorn: Scheiße, es wird schlimmer. Ich wollte ja niemandem schaden, erst recht niemanden verletzen. Aber hinter dem neutral formulierten Punkt »Schulden, Finanzgericht« standen meine verlorene Partnerschaft und vor allem meine Freundschaft mit einer wunderbaren Frau. Und hinter dem neutral formulierten

Punkt »Scheidung« stand meine verlorene große Liebe. Hinter »Beziehungsende« standen auch eine verlorene Liebe und der Tod einer großen Hoffnung. Wenn ich also von meinem Zwinger ausgehe, kann ich sagen, es gab keine neutralen Felder. Alles war hoch emotional, und der Lösungsweg, gegen Menschen vorzugehen, die einmal weite Teile meiner Welt, meines Herzens, meines Lebens ausgemacht hatten, konnte nicht funktionieren. Also kam ich in die Handlung und litt gleichsam sofort unter ihr. Die erhoffte Erleichterung stellte sich nicht wirklich ein. Ich hatte nicht das Gefühl, meiner Situation endlich entkommen zu können. Ich hatte vielmehr das Gefühl, dass ich mich immer weiter in sie hineinbegab. Dieses Gefühl war leider vollkommen richtig. Ich hatte nicht über die Hürden meines Kampfes nachgedacht.

Erste Hürde: Harmonie-Hase. Die können kämpfen, mögen das aber nicht. Kämpfen fühlt sich nicht gut an für mich, und das, obwohl ich es schon so oft musste. Oder tat, ohne es zu müssen.

Zweite Hürde: Ich mutete einer so wichtigen Frau in meinem Leben wie Katrin – auch wenn nicht mehr in einer Partnerschaft – damit noch mehr schlechte Energie zu, ich zwang sie, ebenfalls den Kampfmodus zu erhöhen, sprang sie an, um mich zu befreien.

Dritte Hürde: Ich begab mich bei meiner verlorenen Ehe auf ein Niveau, das ich selbst nicht haben wollte. Ich stieg auf Auge um Auge um und zwang ihn, noch härter zu werden, sandte ihm noch mehr schlechte Energie. Hierbei riskierte ich zusätzlich, dass wir uns nicht mehr anständig über unsere beiden Kinder austauschen konnten, die auch noch unter meinem selbstauferlegten Kampfmodus litten.

Vierte Hürde: Ich kegelte einen Mann aus meinem Leben, der trotz der gemeinsamen Schwierigkeiten mein Herz berührt hat, und beendete eine Beziehung, in der ich gekämpft, gegen die ich gekämpft, aber für die ich noch gar nicht gekämpft hatte. Diesem Mann brach ich damit das Herz. Und mir nahm ich vielleicht die Chance, wieder einmal, eine Beziehung langfristig in meinem Herzen bestehen zu lassen.

Fünfte Hürde: Ich hatte vielleicht weder die Kraft noch die Zeit, mich auf einen Marathon vorzubereiten. Und das stand eventuell jetzt gerade auch gar nicht an, eher waren Sanftmut und Achtsamkeit und vorsichtiger Aufbau meine Themen.

Diese fünf Hürden nahm ich nicht wahr. Dabei hätte ich sie wahrnehmen können – und müssen.

Gehen wir einmal kurz gemeinsam zu meiner Freundin Josephine und ihrem rausgeworfenen Anzugträger. Weil das recht ähnlich gelagert ist wie mein Krawalllösungskampf. Josephine hatte ja nicht aufgehört, ihn zu lieben. Und er hatte nicht aufgehört, sie zu lieben. Und er hatte nicht aufgehört, Vater ihrer drei gemeinsamen Kinder zu sein. Als Josephine ihn aufgrund ihrer Verletzung vor die Tür setzte und sich in ihrer Trutzburg verschanzte, fühlte sich das für sie genauso wenig stimmig an wie meine Kampfansagen sich für mich. Sie war ihrem ersten Impuls gefolgt.

Gesagt, getan, gelitten. Eine unschöne Alliteration.

Josephine tappte genau wie ich in die Handlungsfalle der nicht überprüften Lösungen. Denn statt Erleichterung zu empfinden, wurde ihr Schmerz noch größer und die Zwingerkette zog sich noch enger um ihren Hals.

Und auch das ist etwas, was mir selbst erst nach meinen Anfängerfehlern bewusst wurde: Die ersten Lösungen, die uns einfallen, sind meist die, die am wenigsten Zeit kosten. Das hat einen nachvollziehbaren Hintergrund: Wir wollen ja so schnell wie möglich raus aus unserem Käfig. Aber schnell zu handeln heißt in diesem Fall, fahrlässig zu handeln. Fahrlässig uns selbst und anderen gegenüber. Also: Watch out! Und lass Langsamkeit und Bedacht ran ans Steuerrad. Dein Meditationskissen. Die Matte. Die Pausentaste.

Genau wie Josephine erklärte ich meinem halben Leben den Krieg. Ich suchte und fand Munition, startete die ersten Grabenkämpfe und fühlte mich: mies. So richtig bewusst wurde mir das vor allem dadurch, dass meine Nächte nicht ruhiger, sondern eher noch unruhiger wurden. Dass mein Kloß im Bauch nicht kleiner, sondern eher größer wurde. Dass sich die Symptome verschlechterten statt verbesserten.

Meine Pausentaste drückte mal wieder meine Freundin Anna aus Köln. Anna stand mir während dieser ersten Zeit bei, so wie ich gerade versuche, dir beizustehen. Sie rief mich fast täglich an, besuchte mich und die Kinder in Hamburg und leerte noch mehr Gläser Rotwein mit mir. Irgendwann fragte sie mich, ob ich eigentlich mal versucht hätte, mit Katrin Frieden zu schließen. Eine ganz einfache Frage, die jedoch meinen bisherigen Lösungsansatz komplett infrage stellte.

Natürlich hatte ich Katrin, meine ehemalige Partnerin – nach dem ersten Schock der finanziellen Bedrohung –, einmal angeschrieben. Und versucht, irgendwie eine Klärung für mich und für uns zu erreichen. Aber wenn ich ehrlich zu mir war, war das kein besonders konkreter Ansatz gewesen, sondern eher so ein mickriger kleiner Testballon. Im Sinne von: Geht da was? Können wir uns irgendwie aufeinander zubewegen? Aber einen richtigen Schritt auf sie zu, etwas, das unserer ehemals großen

Nähe viel mehr entsprochen hätte, hatte ich nicht versucht. Sie reagierte damals so, wie es bei halbherzigen Versuchen nicht anders zu erwarten ist: Sie schrieb mir freundlich, aber bestimmt zurück – und blieb genau auf dem Status, dessen Konsequenzen mein Steuerberater mir mit Grabesstimme mitgeteilt hatte.

Anna gegenüber beteuerte ich erst mal, dass ich natürlich versucht hätte, eine friedliche Lösung zu finden. Dann aber dachte ich nach. Und wurde ehrlich. Und dann, du wirst es nicht glauben, weil solche Dinge entweder Zufall oder wirklich schlau von irgendwas oder wem eingestielt sind: Dann poppte genau in diesem Moment auf Facebook ein Bild von meiner verlorenen Freundin auf. Einfach so. Mein Bildschirmschoner verschwand und ich sah Katrin, dabei hatte ich im Gespräch mit Anna meinen Computer noch nicht mal angefasst. Ich sah sie lange. Und fand irgendwie – zwischen all diesen Pixeln, mit Annas klugen Fragen im Kopf und einem großen Klops im Bauch – einen anderen Zugang zu ihr, zu unseren Themen, zu dem, wohin das uns beide geführt hatte.

Ich setzte mich vor meinen eigenen Schlachtplan und wusste auf einmal, dass die Lösung genau in der entgegengesetzten Richtung lag. Dass ich die Zwingerkette im Kampf nicht würde ablegen können, dass ich meine Situation gerade massiv verschlechterte, nicht verbesserte. Dass ich umkehren musste.

Und so kam diese Erkenntnis ganz leise und langsam zu mir geschlichen, und dir möchte ich sie zurufen:

Überprüfe das, was du dir vorgenommen hast, nimm dir Zeit, bevor du startest, fühle nach, ob dein Vorhaben wirklich zu dir passt, denke es vom Ende her.

Nimm dir den Raum dafür. Sei ehrlich. Schmeiß deine Pläne im Zweifelsfall noch einmal komplett um – und laufe dann in die entgegengesetzte Richtung. Aber dann richtig. Und mit Kraft. Und mit einem Innersten, das juchzt und strahlt und dir im Lauf zuruft: Endlich hast du verstanden. Endlich hast du dich selbst wahr(!)genommen(!) – ein sehr passendes Wort, wenn ihr mich fragt, endlich fällt diese verdammte Metallkette von dir ab.

Apropos: uns selbst wahrnehmen. Ein wichtiger, ein sehr schöner Aspekt, dem wir uns noch etwas widmen sollten, bevor wir uns an die konkreten Lösungswege wagen, bevor wir uns in die konkreten Umsetzungen bewegen:

So, wie ich im Handlungswahn der ersten, unüberprüften Lösungen aufwachte beziehungsweise aufgeweckt wurde, mir die dick verquollenen Augen rieb, aufstand und die Handbremse zog, bevor mein hooliganesker Weg noch mehr Schaden hätte anrichten können, so war es bei meiner Freundin Josephine schließlich auch. Nachdem sie alle Tränen geweint und ihre ganze Wut rausgelassen hatte, alle unschönen Kinderfragen beantwortet hatte, saß sie in der großen, von ihr wunderschön eingerichteten Altbauwohnung und kam an der einzigen Frage nicht mehr vorbei, die sich in all den hohen Räumen breitmachte, die die ganze neue Leere füllte: War *das* nun richtig? Die Frage sprang Josephine so hartnäckig an, dass sie sich irgendwann erschöpft auf den Boden sinken und sie reinkommen ließ. War es richtig gewesen, sofort alles hinzuschmeißen und die Verbindung zu kappen? Ihren Mann zu verbannen, ihn gar nicht erst angehört zu haben, sich eben nicht mit ihm auseinanderzusetzen? Fühlte sie sich nun wirklich besser?

Die Abhilfe der schnellen Exekution kommt kurz. Das schon. Aber wenn sie nicht mit unserem Inneren übereinstimmt, bleibt sie nicht. Erinnere dich an die entzündete Blase.

Josephine hatte ihre Blase mit einer rostigen Büronadel noch im Laufen aufgestochen – nun hatte sie eine Art Sepsis. Nicht nur die Wunde war entzündet, alles war vergiftet.

Und so blieb ihr gar nichts anderes übrig, als innezuhalten, den Fuß hochzulegen und ihre getroffenen Entscheidungen zu überdenken und zu hinterfragen. Und mir ging es ganz genauso.

Deshalb: Liebe deine Erkenntnisse, deine Hürden, all das, was du aufgeschrieben hast. Und alles, was dieser, dein Weg dir an wichtigen Einblicken in deine eigene Seele erlaubt! Ich weiß, was du jetzt denkst (oder denken könntest): Ich will aber lösen. Ich will nicht zurückfallen ins Unbewusste, und lieber löse ich schnell und haue ein paarmal vielleicht daneben, als dass ich gar nicht löse. Das verstehe ich sehr gut. Aber ich bleibe dabei: Wenn du die Kette um deinen Hals wirklich lösen willst, geht das nur Schritt für Schritt. Jeden einzelnen Schritt ganz bewusst. Dann wird das was. Nachhaltig.

7

Auftreten:
In unsicheren Zeiten neigen wir dazu, uns zu verstecken.

Raus aus der Deckung. Wie stehen wir gerade, wenn die Last auf die Schultern drückt? Und warum Willen und Wirken nicht voneinander zu trennen sind.

W ie du weißt, bin ich Fernsehmoderatorin und Coach, unter anderem für Wirkung. Ich beschäftige mich mit Fragen wie: Wie wirke ich wann? Was kann ich tun, um meine eigene Wirkung zu verbessern? Wie verbessere ich eventuell sogar erst mal nur meine Außenwirkung, damit der Rest dann folgen kann? Ich weiß also, wie das geht. Ich berate Menschen darin und helfe ihnen, sich in ihrem Auftreten vor allem erst mal selbst wohlzufühlen, Strahlkraft und Charisma zu entwickeln, sich darin zu optimieren. Das kann ich – und wende es in meinen Sendungen, auf den Podien und den Bühnen ja auch immer wieder an.

Aber: Auch dieses Wissen war unter meinem Geröll aus Trauer und Wut und Angst (vor allem Angst) verschüttgegangen. Es war da, aber ich kam nicht mehr ran und konnte es noch viel weniger anwenden. Es war, als würde all das nur noch für andere Menschen gelten, aber für mich selbst eben nicht mehr. Als könnten nur andere Menschen noch strahlen und überzeugen und mitreißen; als sei ich selbst so gebrochen, dass meine Wirkung aus dem entstandenen Riss abhandengekommen war.

Ich habe dir ja schon erzählt, wie schrecklich es sich zu dieser Zeit manchmal anfühlte, in den riesigen und so gnadenlosen Maskenspiegel zu schauen und mein verzerrtes, blasses Gesicht, von allen Seiten hell beleuchtet, darin zu sehen. Die müden Augen, die nichts mehr zum Leuchten bringen konnte – egal wie viele Fake-Wimpern dran geklebt und wie viel Lidschatten drum herum gepinselt wurde. Die Lippen, die viel schmaler aussahen als sonst, sorgenvoller. Niemand hat je in dieser Zeit zu mir gesagt, dass ich anders, schlechter, angeschlagener aussehe als sonst. Ich glaube, das ist wie mit Menschen, von denen man weiß, dass sie gerade einen schweren Verlust erlitten und jemanden verloren haben: Die allermeisten trauen sich nicht, diese Trauernden dann anzusprechen, aus Angst vor dem Schmerz, der sich ihnen dann offenbaren könnte. So war das vielleicht auch bei mir, eingesunken in dem auf einmal viel zu großen Maskenstuhl. Meine Maskenbildner, die mich schon in allen möglichen Aggregatszuständen gesehen hatten, sprachen mich nie auf meine desolate Verfassung oder meine verquollenen Augen an. Sie fragten maximal, ob ich vielleicht nicht ganz so gut geschlafen hätte. Eine Frage, die dann meist schon ausreichte, um meine Augen auch noch feuchter werden zu lassen und die angeklebten Wimpern in Gefahr zu bringen.

Ungleich härter noch als der Blick in den Spiegel war dann das Rausgehen vor die Kamera. Diese Sekunden, kurz bevor das rote Licht anging und ich wusste: Ich brauche jetzt Haltung und Kraft, ich bin gleich live auf Sendung, muss meine Moderationen abrufen, die Menschen abholen, warm und lustig und charmant und manchmal auch betroffen sein. Und in Wahrheit wollte ich nur weglaufen. Mich verstecken. Meine Wunden lecken und niemanden (außer meinen Kindern und meinem Hund – die drei gehen IMMER) sehen. Und vor allem: von niemandem gesehen werden.

Kennst du das? Dieses Gefühl, dass die ganze Welt dir deine eigene Traurigkeit ansehen könnte? Dass jeder einfach wahrnehmen MUSS, wie miserabel es dir geht, wie offenbar unfähig du bist, deine gigantische und gewaltvoll selbst umgelegte Zwingerkette vom Hals zu reißen und aus dem verdammten Käfig rauszukommen? Das sind ja unsere eigenen Urteile, die wir uns dann als die Gedanken der anderen verkaufen. Urteilt irgendwer so hart über uns, wie wir über uns selbst? Haut irgendwer noch so gnadenlos drauf, wenn wir eh schon halb stranguliert am Boden sind, wie wir selbst? Manchmal habe ich, gerade bei all den wunderbaren Frauen um mich herum, das Gefühl, dass wir nur uns selbst gegenüber jegliche Beißhemmung verloren haben.

Wir sind zutiefst verunsichert und wir sind unsere härtesten Kritiker. Beides wird gespeist durch diese Scham davor, versagt zu haben, und mit dem Gefühl herumzulaufen, dass jeder Mensch uns unser Versagen auf 20 Meilen gegen den Wind anmerkt.

Wenn du das kennst, lass dir Folgendes sagen: Das ist zum Glück nur ein Teil der Wahrheit. Nicht jeder Mensch sieht uns an, dass wir uns wie ein trauriger Hund oder ein ebenso trauriger Masochist in einem Metallkäfig fühlen. Genauso wenig, wie die meisten Zuschauer wohl dachten: Was ist denn mit der ansonsten so fröhlichen Blonden da passiert, was hat sie denn, die Neftel? Solange wir nicht mitten im Gespräch oder vor laufender Kamera in Tränen ausbrechen, ist unsere Ausstrahlung vielleicht nur etwas getrübt.

Dass mir die Tränen vor der Kamera kamen, ist mir zum Glück nur ganz kurz und völlig unbemerkt passiert – und das auch nur, weil wir einen Beitrag in der Sendung hatten, der auf all meine eigene Trauer noch ganz viel Mitgefühl für einen unserer Protagonisten draufgesetzt hatte. Und meine Möglichkeit, die eigene Traurigkeit zu dieser Zeit noch runterzupegeln, einfach ausgesprochen begrenzt war.

Aber damals fürchtete ich: Wenn gleich das Rotlicht angeht, werden mir ein paar Hunderttausend Menschen in meine tief traurigen Augen schauen und spüren können, dass ich unter der Last auf meinen Schultern wanke und lang nicht mehr so aufrecht stehen kann wie sonst, ahnen, dass die Mundwinkel mit Kraft nach oben gezogen sind und nicht mit Freude. Und ich fühlte mich unsagbar nackt und durchscheinend bloßgestellt in meiner ganzen Misere.

Live im Fernsehen zu sein, so schön das manchmal ist, ist eine Art Höchststrafe, wenn es einem nicht gut geht. Aber auch alle anderen Bereiche des Gesehenwerdens fallen unheimlich schwer, wenn einrollen so viel näher läge und sich so viel heilsamer anfühlen würde. Wenn der Wunsch nach Unsichtbarkeit gerade so unendlich groß ist.

Rückblickend ist ganz wesentlich für mich die Erfahrung meiner lieben Freundin Josephine, die nun keine Fernsehmoderatorin ist, aber die neben ihrer Zahntechnik-Bude diese wissenschaftliche Stelle in Dänemark hatte, zu der sie monatlich pendeln musste.

Josephine hatte die Altbauwohnungstüre irgendwann wieder einen kleinen Spalt geöffnet. Und ihrem Mann einen ersten, noch sehr vorsichtigen und unsicheren Schritt zurück in das gemeinsame Leben erlaubt.

Wenn du jetzt glaubst: Herrlich, Krise überstanden, dann gab's ja ein Happy End und die beiden wurden wieder ein glückliches Paar, mit einem geläuterten Part: So war es nicht.

Ich hatte dir ja geschildert: Josephine hatte schon lange vor dem sich anbahnenden Flirt ihres Mannes angefangen, sich selbst derartig auszulaugen, dass dieser in Wahrheit nur ein sehr kleines Puzzlestück eines viel größeren Problems war.

Und so ließ sie ihn zwar auf leisen Sohlen und mit gesenktem Haupt zu sich zurückschleichen, aber dadurch wurde nichts sofort wirklich besser. Die erhoffte Erleichterung über das Zurücknehmen ihres ersten Lösungsansatzes stellte sich nicht recht ein. Dazu war sie zu angeschlagen, zu sehr getroffen.

Und so kamen, nach ein paar Wochen, die nächsten Panik-attacken zu Josephine, die inzwischen so aussah wie die hauch-dünne Schwester von Kate Moss (in ihren dünnsten Zeiten). Die Panik kam in furchteinflößenden Wellen.

Von ihren Nächten in tosender Angst habe ich dir schon er-zählt. An Schlaf war für sie manchmal überhaupt nicht zu den-ken. Und auch an das sonstige »Funktionieren« kaum mehr. Josephine, und mir mindestens genauso, wurde schnell klar, dass sie dringend professionelle Hilfe brauchte, um nicht tie-fer abzugleiten in den inneren Sumpf. In meiner Verzweiflung machte ich ihr einen Termin bei einem Therapeuten, der mir bei der Trennung von meinem Mann beigestanden hatte. Ein wunderbarer, weiser und warmherziger Therapeut, der aber für diese sehr akute und sehr gefährliche Krisensituation zuge-gebenermaßen nicht die allerbeste Wahl war. Josephine folgte mir trotzdem erschöpft, Gegenwehr wäre für sie auch gar nicht mehr möglich gewesen. Jetzt musste doch jemand von außen steuern.

Kurzer Einschub: Wenn du merkst, dass deine Kette immer kürzer und dein Zwinger immer kleiner wird, dass sich die Dunkelheit und Unausweichlichkeit so sehr in dir ausbreiten – und eventuell eben auch auf den leider ausgesprochen frucht-baren Boden von langjähriger Selbstignoranz und Überforde-rung oder irgendeiner nie wirklich entdeckten Depression fallen: Versuche es nicht mehr alleine! Gib das Selbststeuern auf und hole dir jemanden ins Boot (oder lass jemanden, so wie in meinem Fall Anna, selbst in dein sinkendes Schiff einsteigen), der sich zutraut, es zu steuern, bis du wieder in Sicherheit bist. Das kann ein liebender Mensch sein, aber manchmal sind die Liebenden uns auch zu nah, um wirklich übernehmen zu kön-nen. Manchmal ist es auch in dieser Situation schon ein profes-sioneller Steuermann, den wir anheuern müssen. Nur: Sei auch diesbezüglich ehrlich zu dir selbst. In dem Moment, in dem du merkst, dass du Angst hast, nicht mehr alleine herauszufinden aus der Dunkelheit des Käfigs in dir: Sende den entscheidenden SOS-Ruf. Versprich mir das! Und dir selbst auch!

Josephine musste gar keinen SOS-Ruf abfeuern – ich war schon an Bord gesprungen und steuerte gegen die Panikwellen an, als wären es meine eigenen. Als ich merkte, dass ich aber auch zusehends ohnmächtiger wurde vor der Gewalt ihrer Attacken, holte ich Hilfe. Und auch wenn er nicht der einzige Therapeut bleiben sollte, den es brauchte, um Josephine zu befreien, so verhalf er ihr wie mir zu einer wesentlichen Erkenntnis:

Josephine musste ausgerechnet während der Zeit ihres Zusammenbruchs zu einem kleinen, aber feinen Kongress in Dänemark mit Historikern aus aller Welt. Sie sollte auf diesem Kongress auch sprechen, einen Vortrag halten. Dass sie überhaupt ernsthaft in Erwägung zog, dort allein mit dem Auto hinzufahren, haute mich schon fast um. Ich wollte es ihr verbieten, hielt es für das Allerbeste, dass sie zu Hause blieb, sich schonte. Doch mein Therapeut, der jetzt erst mal unser einziger Anker war, sprang mir nicht bei, sondern riet ihr das genaue Gegenteil.

Er sagte: Sie fahren dahin. Sie gehen auf die Bühne. Sie halten Ihren Vortrag, so gut es eben geht. Vielleicht kürzen Sie ihn ein wenig. Sehen Sie zu, dass Sie eben nicht mehr machen als unbedingt nötig, um nicht absagen zu müssen. Nicht mehr, aber eben auch auf keinen Fall weniger. Sie machen das genau deshalb, weil Sie NICHT aus Angst anfangen, Teile Ihres Lebens zu vermeiden. Es wird Sie Kraft kosten, es fühlt sich vielleicht gerade nicht machbar an. Aber Sie verstecken sich bitte NICHT vor Ihrer Angst. Und geben ihr eben NICHT die Macht, darüber zu entscheiden, was Ihnen in Ihrem Leben gerade möglich ist und was nicht. So weit darf es, bei aller Furcht vor der Furcht, eben nicht gehen.

Erinnerst du dich an mein Bild mit der Angst im Auto, das dein Leben ist? Und daran, dass die Angst da sein, aber eben niemals das Lenkrad in die klammen Finger bekommen darf? Das gilt – und darin klärte der Doktor Josephine auf – auch für Panik-Attacken. Also die unendlich gesteigerte Form der Angst, die krankhafte, die wellenförmige Form. Diese Anfälle kommen, und sie gehen auch wieder (ganz wichtige Nachricht), aber wir dürfen niemals zulassen, dass wir etwas vermeiden, was wir eigentlich tun wollten und sollten.

Mit ein paar Notfallinstruktionen des Therapeuten im Gepäck fuhr Josephine also tatsächlich nach Dänemark. Und: Sie hat das alles geschafft. Die Angst kam kurz vorbei. Aber hier hielt sie sich ausnahmsweise einigermaßen zurück.

Josephine kam nicht runderneuert wieder. Und auch nicht besonders stolz auf sich (natürlich nicht, in ihrer ihr sehr eigenen Härte und Selbstkritik). Sie hatte nicht die Bühne gerockt, sondern, genau wie der Therapeut ihr geraten hatte, nur das Nötigste gemacht. Aber das Wichtigste: Sie hatte ihrer Angst die Stirn geboten und sich nicht vor ihr versteckt. Das war nicht Josephines Heilung. Aber es war ein wichtiger allererster Schritt.

Was heißt das für dich und für mich?

Nun, bei mir war es so, dass sich wegducken und in irgendeiner düsteren Ecke verschwinden aus ganz anderen Gründen überhaupt keine Option war. Auch wenn ich mir das mehr als vieles andere in dieser Zeit sehr gewünscht hätte. Aber ich konnte es mir schlicht finanziell gar nicht leisten!

Ich habe dir ja erzählt, was meine langjährige Scheidung und meine Auseinandersetzung mit meiner ehemaligen Partnerin bei mir ausgelöst hatten. Und das war neben der emotionalen Krise eben auch eine finanzielle Schieflage. Sehr niedlich ausgedrückt. Das ist eine ganz schlechte Kombination. Mein Wunsch, mich dauerhaft einzugraben und das Köpfchen erst wieder aus dem Sand zu ziehen, wenn sich mir aus dem Nichts irgendeine Lösung offenbart hat, ging also schon deshalb nicht auf, weil das schlicht nicht im Budget war. Die monetären Damoklesschwerter tanzten über mir. Und selbst wenn sie nicht zuschlugen und mir eine Menge Schulden wie durch ein Wunder oder einen der Anwälte erspart bleiben würden: Schon allein besagte Anwälte, die Gerichtskosten, die Steuerberater waren schwer zu finanzieren für mich. Mein finanzielles Polster war hauchdünn geworden. Das ist doof, wenn man auf sich allein gestellt ist, und noch deutlich schmerzhafter und angsterfüllender, wenn man zwei Kinder an seiner Seite hat, die in ein Alter gekommen waren, in dem sie erstens jede meiner Unsicherheiten seismographisch merkten und mich im besten Falle direkt danach fragten und im schlechtesten Falle sie zu ihrer eigenen Unsicherheit machten. Und die zweitens einen unermesslich großen Nahrungsbedarf entwickelt hatten, neue Sneaker haben wollten (mein Sohn) und endlich mit den versprochenen Reitstunden anfangen wollten (meine Tochter).

Manchmal stand ich dann mit meiner EC-Karte am Geldautomaten, mit dem gleichen Unsicherheitsgefühl wie zuletzt im Volontariat vor gefühlt Hunderten von Jahren: Wenn ich meine Karte da jetzt reinstecke, kommt sie wieder heraus? Meistens am sie wieder heraus. Und manchmal eben nicht. Während sich gefühlt alle anderen Menschen um mich herum in finanzieller Sicherheit wiegten, war das einfach nur demütigend für mich. Zumal uns Fernsehmoderatorinnen ja immer ein durchaus glamouröser Lifestyle nachgesagt wird. Ha. Weit gefehlt.

Ich brauchte keinen Therapeuten, der mich auf Bühnen, in Keynotes oder eben ins Fernsehstudio schickte – mir reichte ein Blick in mein Portemonnaie. Ich musste also da raus. Raus vor die Kameras. Und damit raus in die Welt. Aus ganz anderen Gründen als die meiner geschüttelten Seelenschwester galt Verstecken und Vermeiden für mich nicht. Aber wie kriegen wir uns durch die öffentlichen Situationen, wenn die uns Kraft kosten und Kraft eben genau das Allerletzte ist, das uns gerade, atemlos von der Strangulation unserer Zwingerkette, zur Verfügung steht?

Die allgemeine Idee, die uns in Sachen Wirkung immer vermittelt wird, ist ja die neumodische und ausgelutschte Authentizitätsformel. Sei, wie du bist. Verstell dich nicht mehr. Dieses Motivationstrainergesülze ist Hohn und Spott in jeder Lebenssituation, in der uns gerade gar nicht danach zumute ist, überhaupt jemandem für Bruchteile von Sekunden in die Augen sehen zu müssen. Es ist völlig falsch, schon deshalb, weil wir alle volatile Menschen sind, mit Schwankungen und Phasen und heute so und morgen so. Wir sind nicht, oder zumindest nicht mehr, die grundsoliden Gestalten, die heute genauso unterwegs sind wie morgen und wie in 13 Jahren und vor zwei Dekaden. Was heute in uns schwingt, kann in drei Monaten leider schon ganz anders schwingen und in weiteren drei Momenten erst recht. Will sagen: Wenn wir unsere Wirkung auf den inneren Schwankungen aufbauen wollen, denen wir ausgesetzt sind – sowieso und in unserer jetzigen Phase erst recht: viel Spaß! Dann wird jeder, der uns erlebt, der uns zuhört, dem wir im Zweifel professionell begegnen müssen, denken: An diesem

Wesen da kann man kein Tau festmachen – völlig unstet – nicht vertrauenswürdig.

Stell dir vor, meine Freundin Josephine wäre in Dänemark mit voller Authentizität auf die Bühne gegangen. Wie hätte sie gewirkt? Sie hätte dann ja quasi die versammelte europäische Historiker-Elite an ihrer eigenen Zerrissenheit teilhaben lassen müssen. An dem Sturm in ihr. An der dickflüssigen Dunkelheit, die an jedem ihrer Gedanken haftete und sich mit nichts so recht vertreiben ließ. Das wäre sowohl für die anwesenden Superhirne eine Zumutung gewesen als auch für meine Freundin. Die das im Zweifel nicht nur nicht gewollt, sondern vor allem nicht durchgehalten hätte.

Was hätte das authentische Auftreten in meinem Fall bedeutet?

Ich wäre vor der Kamera aus dem Stand in Tränen ausgebrochen. Und hätte die Beiträge nicht mehr – oder nur noch unter lautem Schluchzen – anmoderieren können.

Ich bin mir nicht ganz sicher, ob wir nicht die großartigste Quote aller Zeiten gehabt hätten. Nicht, weil ich meinen Zuschauern einen gnadenlosen Voyeurismus unterstellen möchte, sondern weil die wenigen Menschen, die überhaupt noch Live-Sendungen im Fernsehen sehen, das auch deshalb tun – so meine ich jedenfalls –, weil der Charme einer Livesendung darin besteht, dass etwas schiefgehen könnte, dass manchmal etwas Unvorhergesehenes passiert.

Was also dann? Wenn authentisch nicht geht?

Das, was ich dir und damit auch mir jetzt verordne, klingt zunächst einmal unendlich amerikanisch und unschön. Und wenn es uns gerade nicht schlecht ginge, würde ich uns auch nicht zu dieser Notfallmaßnahme raten. Denn Echtheit gewinnt, in stabilen Zeiten.

Aber es ist so: Wir können das, was der gängigen Authentizitäsformel zugrunde liegt, umdrehen. Und das ist das, was wir in unserer Situation eben auch ganz dringend tun müssen. Die Idee hinter dem wahrheitsgemäßen Auftreten ist ja: Ich zeige das, was gerade in mir steckt, und lasse es auf andere Menschen wirken und nehme sie so für mich ein.

Wenn ich aber gerade nicht erkannt werden möchte und ich schon gar nicht will, dass irgendwer erahnt, was in mir tobt, mache ich es genau umgekehrt. Ich nehme mir eine Wirkung vor. Ich überlege mir, mit dem letzten bisschen strategischem Vermögen, das nicht von meiner Traurigkeit besetzt ist, was brauche ich jetzt für eine Wirkung? In meinem Fall war das ganz eindeutig: Ich brauchte die souveräne, gerade, charmante Keynote-Consultant-Fernsehmoderatorinnen-Wirkung. Und zwar auf den Punkt. Und manchmal funktioniert es, wie verzaubert, dass die Wirkung, die wir uns quasi ganz bewusst aussuchen – und wenn sie erst mal noch so unstimmig zu sein scheint zu dem, was wir eigentlich gerade fühlen –, auf uns übergeht. Dazu sollten wir uns ein möglichst konkretes Wirkungsvorbild nehmen – jemanden, dessen Strahlkraft wir uns ausleihen. Ich habe an Ellen Degeneres gedacht. Eine amerikanische Fernsehmoderatorin, die präsent ist, die ihre Zuschauer mitnimmt, die nicht immer laut ist, nicht immer leise, aber die immer strahlt. Der Mensch, dessen Wirkung wir uns ausleihen, kann auch ein Marvel-Held sein, eine Hollywoodfigur, unser Eisverkäufer Toni. Völlig egal. Hauptsache, wir haben eine recht genaue Vorstellung davon, was wir uns von ihm oder ihr ausborgen wollen, weil es uns selbst gerade schlicht nicht zur Verfügung steht. Diese von uns gewählte Wirkung zieht uns ein Stückchen heraus aus der düsteren Ecke, in der wir eigentlich stehen und uns schämen. Das ist die Weiterentwicklung des Uramerikanischen *fake it till you make it*. Tu so, als wärest du schon da, bis du da bist.

Ich verstehe vollkommen, wenn das gerade gewisse Widerstände in dir hervorrufen könnte. Dass du befürchtest, dass das aufgesetzte Lächeln zu schief gerät, das Lachen zu laut, das Kinn zu weit oben landet und der Rücken versehentlich im Hohlkreuz. Und wenn? Dann ist das immer noch besser, als sich zu verstecken. Und es ist deutlich besser, als aus dem Stand anzufangen zu heulen. Und es ist (d)eine Chance – und das ist schließlich ganz erstaunlich und wunderbar –, unser Hirn wieder ein wenig mit dem zu fluten, was wir so sehr verloren haben: mit Positivem. Denn selbst wenn es zunächst nur aufgesetzt ist: Es wirkt sich auf unsere Neuronen aus. Es macht etwas mit unserer Stimmungslage. Es programmiert uns – und sei es nur für ausgewählte Momente – ein wenig um. Mit einer Einschränkung, die für alle Notfallmaßnahmen gilt: Wir können und dürfen das nicht dauerhaft anwenden. Und nicht exzessiv – also nicht verkrampft unsere Mundwinkel nach oben drängen wie eine zutiefst gestresste Lufthansa-Stewardess beim Tomatensaft verteilen. Zu stark und zu lange angewandt ist die geborgte Wirkung für uns schädlich. Wenn wir dauerhaft lächeln müssen, auch wenn uns null danach ist, kann das zur sogenannten Smiling-Depression führen – eine Störung, die tatsächlich früher häufiger bei Stewardessen vorkam. Etwas dauerhaft vorspielen zu müssen, was gar nicht mit unserem eigenen Wunsch zu tun hat, erzeugt eine sogenannte emotionale Dissonanz – ein Störgefühl. Und das fühlt sich erstens nach Stress (noch mehr!) an, und zweitens kann es zu einer echten depressiven Verstimmung führen. Das wollen wir also nicht. Wir wollen einfach bewusst ein Lächeln in uns erzeugen – denn dann kann unser Hirn unserer Wirkung folgen. Und das wiederum fühlt sich gut an. Warum?

Der Psychologe Fritz Stracke hat das schon Ende der 1980er-Jahre herausgefunden und in einer groß angelegten Studie belegt: Wenn wir lächeln, nehmen wir die Welt positiver wahr. Und zwar auch dann, wenn das Lächeln zuerst da ist und die positivere Sicht auf die Welt danach kommt. Sie folgt wie ein wohlerzogener und zudem noch ausgesprochen anhänglicher und schwanzwedelnder Hund (nicht meiner – zu dessen Wirkung kommen wir aber gleich noch). Stracke war der Erste, der diesen Zusammenhang – und diese neue und nicht gedachte Reihenfolge – in einem Experiment an der University of Illinois nachgewiesen hat. Ihm folgten viele Wissenschaftler, die seine Ur-Studie ausdehnten und kreativ in andere Richtungen weiterentwickelten. Besonders: das Experiment mit depressiven Patienten, denen Botox in die Stirn- und Zornesfalten gespritzt wurde. Einen negativen Gesichtsausdruck zu haben, wurde so schlicht unmöglich. Und was machte das mit der kranken, weil dauertrüben Psyche der Probanden: Sie wurde nachweislich heller.

Ich erkläre das mal am Beispiel meiner Hündin:

Als ich meine Straßenhündin Bruni aus Griechenland bekam – unsere so alte wie schöne Seele –, war sie schrecklich traumatisiert. Sie hatte wohl elendeste Gewalterfahrungen gemacht, war äußerlich und innerlich verletzt und so ängstlich, wie Wesen sind, die man bricht, bevor sie die Gelegenheit hatten, Urvertrauen in irgendetwas zu entwickeln.

Bruni kam bei uns zu Hause an, frisch eingeflogen aus der Welt, in der ihr vieles Schmerz zugefügt hatte, und wollte eigentlich – so sah sie aus und so benahm sie sich – zu kleinsten Molekülen zerfallen und unsichtbar werden. Sie war und ist ein wunderschönes Hundemädchen, aber sie hatte eine Körperhaltung (in ihrem Körper, der viel zu riesig war für den ängstlichen Rest von ihr), die ausschließlich Angst und Schmerz vermittelte. Sie war auf Kleinstformat eingerollt, wenn sie lag. Und wenn wir sie, mit sehr viel Mühe und am Anfang auch mit noch mehr Kraft, dazu brachten, aufzustehen und sogar mit uns rauszugehen – ihr absoluter Albtraum –, dann lief sie gebückt. Hast du jemals einen Hund gebückt laufen sehen (außer, wenn er eine schreckliche Erkrankung hat)? Das ist physisch eigentlich überhaupt nicht möglich. Aber bei Brünchen war es so. Sie hatte einfach alles zusammengezogen – vielleicht in Vorbereitung auf den nächsten Schlag oder Tritt oder weiß der Henker, was irgendein Grieche ihr angetan hatte. Nun war es zudem so, dass ihr großer schöner Schwanz, ihre Rute, niemals den engen Platz zwischen ihren zusammengezogenen Hinterbeinen verlassen hatte. Er war permanent eingeklemmt – jeder, der Hunde kennt, weiß, dass das ebenfalls ein Anzeichen größter Angst und Anspannung ist.

Als ich diese schöne, gestörte Seele nun bei mir hatte, wollte ich ihr natürlich helfen. Sie aufrichten. Aus ihr einen richtigen, einen fröhlichen Hund machen. Und so sprach ich mit verschiedenen Experten, Hundetrainern, Tierpsychologen, Veterinären. Vieles hat nicht geholfen. Vieles hat Brunis Ängste erst mal verschlimmert, vor allem wenn ich auf die im Nachhinein gnadenlos unschlaue Idee kam, auch noch einen männlichen Hundetrainer zu uns nach Hause zu holen und auf Bruni loszulassen – das war für sie, die jeden Fremden für größte Gefahr und männliche Fremde offenbar für den nahen Tod hielt, natürlich eine Verstärkung ihres Traumas.

Ein Tipp aber, den mir eine Frau gab, die Erfahrung mit den Härtefällen unter den gequälten Seelen hatte, ging auf – und er untermauert die Erkenntnisse der oben genannten Psychologiekoryphäen. Sie sagte: Petra, versuche so oft wie möglich, Brunis Rute zu erwischen und nach oben zu ziehen. Und wenn du kannst, wedel zwischendurch auch mal für sie.

Ich dachte wirklich erst, sie wollte sich irgendwo ins Gebüsch legen, mich mit dem Schwanz meines Hundes wedelnd filmen und das als lustigstes YouTube-Video ever ausschlachten.

Aber was soll ich sagen: Ich habe das, nachdem ich sicher siebzehnmal überprüft habe, ob sie es ernst gemeint und ich es richtig verstanden hatte, gemacht. Und es machte etwas mit meiner Angsthündin. Ganz langsam (wie jeder einzelne Minifortschritt, den Bruni seit ihrer Ankunft vor über sieben Jahren bei uns gemacht hat). Aber spürbar. Bis heute nehmen wir in Situationen, in denen sie sich verkrampft, ihren Schwanz nach oben, als wäre sie mutig und fröhlich. Und immer häufiger bleibt er eine kleine Weile dort oben. Und ganz manchmal – von uns zumeist cheerleadermäßig bejubelt – wird sogar ein echtes Schwanzwedeln daraus.

Was bei Bruni der Schwanz und bei den Depressiven die Zornesfalte, ist bei uns Zwingerkettenmenschen die Wirkung, die wir im gegebenen Moment für uns brauchen und die wir uns ausleihen können. Ich habe bei Ellen geliehen – und sollte ich jemals die Freude haben, sie zu treffen, werde ich ihr sehr herzlich dafür danken, dass sie sie mir so großzügig zur Verfügung gestellt hat.

Sei mutig genug, dir zu überlegen, wie du wirken willst. Versuche, so gut es eben geht, zu lächeln, wenn du es irgendwo fühlen und aktivieren kannst. Wenn es ein wenig schiefer gerät als normalerweise: so what? Du programmierst dich. Du machst deine Wirkung zu deiner Verbündeten, bis dein gescholtenes Hirn hinterhergetigert kommt.

8

Handeln:
Wir haben die Haltung,
bringen wir uns in die Handlung.

Die Problemfelder sind identifiziert, wir haben
Lösungsansätze entwickelt, weggeworfen und neue
Lösungsansätze gefunden, wir haben unser Rückgrat
begradigt. Nun machen wir uns einen Handlungsplan,
der sich gewaschen hat.

*D*er schwierigste Teil unserer Befreiung ist: Handlung. Wir können uns auseinandersetzen (wenn wir wach genug geworden sind), wir können auf unseren Lösungen herumkauen wie auf einem sehnigen Stück Fleisch. Wir können uns selbst beweinen und unsere Verluste, wir können unsere Wunden lecken, uns selbst doof finden für die Situationen, die wir in unserem Leben zuließen, für die Fehler, für die nicht genutzten Chancen, für all das, was uns festzurrte. Letztendlich bleiben wir aber so mit unserem Bewusstsein in genau dieser Situation verhaftet. Wir erweitern unser Sichtfeld nicht. Um uns zu befreien, müssen wir selbstverständlich reflektieren und verstehen, was zu unserem Gefangensein geführt hat. Aber dann müssen wir beginnen zu handeln und eben nicht stehen bleiben, mit unserer Sicht auf das Alte. Und wir sollten auch nicht, wie beschrieben, einfach losrennen mit irgendeiner noch nicht überprüften Lösung, nur weil sie uns schnelle Heilung verspricht und wir froh sind, überhaupt endlich mal vom unschönen Fleck zu kommen. Und wenn wir dann irgendwann (ich hoffe, du früher als ich und auch früher als Josephine und Anna) feststellen, dass die vermeintliche Lösung eben doch nur eine Fata Morgana im knallheißen Sand war, uns die Füße aber weiter schmerzen und knackig kaltes Wasser überhaupt nicht in greifbare Nähe gerückt ist, obwohl wir längst da angekommen sein müssten, wo wir die grünen Palmen sahen: Dann kann es uns passieren, dass wir so frustriert sind, dass wir wieder zurückfallen in das alte Muster aus Verdrängen und Aushalten unserer Situation. Weil wir schlicht und ergreifend nie unser Blickfeld erweitert haben und weiter auf der Stelle treten. Und das wäre fatal, denn es führt im schlechtesten Fall zu einem Gefühl des vielfachen Scheiterns:

Scheitern: Ich bringe mich in diese verfluchte Situation.

Scheitern: Ich bleibe dann so lange in ihr verhaftet, bis sie kaum noch erträglich ist und einige Kollateralschäden verursacht.

Scheitern: Ich finde endlich zu einer Lösung – aber die ist die völlig falsche. Und bringt mich eher in noch mehr Schwierigkeiten, als mich aus irgendetwas zu befreien.

Scheitern: Ich verliere endgültig Vertrauen in mich und meine Handlungsfähigkeit, denn die Lösung für meine Probleme ging voll nach hinten los. Ich bin offenbar überhaupt nicht mehr in der Lage, richtige Entscheidungen zu treffen. Und für mich richtig zu handeln.

Eine sehr ungute Aufzählung in einer Zeit, in der wir einen inneren Erfolg bräuchten, und sei es nur ein klitzekleiner. Einer, der aber ausreicht, um diesen ungesunden Kreislauf zu durchbrechen. Und der es schafft, unser Bewusstsein für die Situation zu verändern. Von der bösen Vergangenheit weg, auch von der gescheiterten jüngsten Vergangenheit, hin zu dem, was nun ansteht. Unsere überprüften Lösungswege nämlich. Hin zu den neuen Handlungsoptionen.

Als ich auf dem plötzlich aufgetauchten Facebook-Foto Katrin ansah, geschah Folgendes: Ich sah ihre gütigen Augen, ihr natürliches Lächeln. Ihre Haltung. Und auf einmal durchdrang ein Gedanke mein getrübtes Bewusstsein: ernsthaft, Petra? Das hier soll deine Gegnerin sein? Diese liebevolle Frau, mit der dich einst so vieles verbunden hat. Nicht zuletzt die gemeinsame Vision eines großartigen Unternehmens. Diese Frau, die deine Kinder auf dem Schoß hatte, als sie noch ganz klein waren, mit der du Erfolge gefeiert und Niederlagen beweint hast, die dir einen tieferen Zugang zum Coaching vermittelt hat, die an deiner Seite war, als du mit den ersten Ehekrisen fertigwerden musstest. Gegen diese Frau ziehst du in den Krieg? Ich hatte einen Kloß im Hals. Ich wusste, glasklar, endlich: Wenn ich gegen sie kämpfe, kämpfe ich auch gegen mich selbst.

Jetzt saß ich da heulend vorm Facebook-Profil meiner Prozessgegnerin, und dachte, ich werde wahnsinnig. Wirklich.

Ich dachte an Anna und ihre Frage: Hast du je wirklich versucht, mit Katrin Frieden zu schließen? Jein! Was für eine dämliche Antwort. Ja, ich hatte ihr geschrieben. Nein, ich war in meinem Schreiben nicht klar gewesen, was ich eigentlich hatte erreichen wollen. Und du weißt, wohin das führt, wenn man in seinen Botschaften selbst nicht klar ist: Es führt auf jeden Fall nicht zu Klarheit in den Menschen, an die wir unsere Botschaften adressiert hatten. Klarheit zieht Klarheit an. Und Unklarheit zieht Unklarheit an. So ist das.

Ich likte unbeholfen Katrins Foto und dachte nach. Und irgendwann, als es nichts mehr nachzudenken gab und alle anderen aktuellen Frösche längst verzehrt, Schreibtische aufgeräumt, Fingernägel lackiert waren und nichts, aber auch rein gar nichts sich mehr zum Ablenken anbot, sah ich klar. Und setzte mich an meinen Handlungsplan, in dem all die großen und die kleinen Kriegs- und Kampfesschritte aufgeführt gewesen waren. All das, was ich tun musste, um mich an meinen Fronten besser zu wappnen. Aber auch das, was ich tun musste, wenn einer der Kriegsschauplätze verloren gehen würde. Ich musste diesen Plan für mich neu schreiben. Ich musste ihn meiner Erkenntnis anpassen. Wie das aussah, erzähle ich dir gleich. Wichtig ist aber erst mal, dass du verstehst, was in einen solchen

Befreiungs-Handlungsplan gehört – was du brauchst, um dich zu befreien, was mir half, mich zu befreien.

In diesen Plan gehören:

- Das Ziel; in meinem Fall: die zu erreichenden Ziele
- Die überprüften Ziel-Schritte: für jedes Ziel, das dich aus deiner Misere zieht, mindestens 3–4 Zielschritte, die du mit den Fragen aus Kapitel 6 überprüft hast
- Zu den überprüften Ziel-Schritten: die Hürden, Befürchtungen und Unstimmigkeiten (denn die gibt es trotz Überprüfung immer). Also: Was könnte mich hindern? Was steht dagegen? Warum fürchte ich, den einen Ziel-Schritt so nicht erreichen zu können?
- Zu jeder Hürde einen Lösungsansatz: Wie begegne ich jeder einzelnen Hürde und integriere sie? Also: Mit welchem Gegenmittel gehe ich jede einzelne Unstimmigkeit an, die sich zwischen mich und meinen Ziel-Schritt schiebt?
- Daraus folgt dann erst die To-do-Liste: Priorität, Was, Wer (also wen brauche ich noch dazu), Wann, Check (IDEE: Die To-do-Liste lässt sich auf meiner Webseite, der Verlagswebseite, – eine Buch-Unterwebseite – herunterladen. Mein Handlungsplan exemplarisch auch).

Wer sein Leben befreien will, hat einen Kraftakt vor sich, das zeigen all die Stichworte aus dem Handlungsplan. Aber wenn du dich selbst befreien willst, dann hast du nur eine einzige Chance, und die heißt: Du musst es ernst meinen. Dein Antrieb muss groß genug sein, die Kette zu sprengen, und das bedeutet, du musst sie nicht nur erkannt haben, du musst sie auch innerlich so stark ablehnen, dass dich dein Widerwillen gegen sie zu einem Handlungsplan antreibt. Und noch wichtiger: dass du dazu bereit bist, jeden einzelnen Punkt des Handlungsplans auch tatsächlich anzugehen. Und nicht mehr auszuweichen. Jeden Frosch zu schlucken (siehe die Spalte Priorität im Plan). Menschen in deinen Plan als Korrektive, als Wächter, als Begleiter einzuweihen – auch wenn das gruselig ist. Und nicht mit Augen zu und durch, sondern mit Augen ganz weit auf (weil sonst sehen wir uns die besonders unangenehmen Teilschritte nämlich gar nicht erst an) da durchzugehen. Konsequent. Aufrecht. Die Kette wird nachgeben. Versprochen.

Bei meiner Freundin Anna war das Ganze selbstverständlich etwas anders gelagert mit den Handlungsplänen. Denn sie war ja, um aus ihrer Situation und ihrem Zusammenbruch herauszukommen, in die Kokon-Klinik am Chiemsee gekommen. Und da war ja zunächst noch gar nichts mit Handlung. Denn wenn wir uns so lange überfordert haben, dass die totale Erschöpfung unser ganzes Sein eingenommen hat, dann ist Handlung erst mal Gift. Sogar auch nur daran zu denken, kann dann zerstörerisch sein, weil es genau die alten Muster aktiviert/triggert, die uns in diese Situation hineinmanövriert haben.

Annas Handlungsplan bestand erst mal nur darin, sich einzulassen, sich das Zepter aus der Hand nehmen zu lassen (ein ganz schwieriger Schritt für eine ansonsten unheimlich selbstbestimmte und dominante Frau, die sie ist), zu essen und zu schlafen. Wenn die innere Zerstörung weit genug vorangeschritten ist, sind ja schon diese Grundpfeiler echte Herausforderungen. Schlaf und Essen sowieso. Zulassen, dass jemand von außen übernimmt, erst recht. Bei Anna kam der große Handlungsplan also nicht auf dem Tiefpunkt. Sondern erst gegen Ende ihrer Klinikzeit. Und da finden wir uns alle wieder: Der Handlungsplan kommt, wenn wir bereit sind, unseren Fokus zu verändern und Bewusstsein dafür zu schaffen, wer wir denn werden wollen, wenn wir die trocken gewordene Haut abstreifen, die uns gerade vom Leuchten abhält.

Anna hatte Monate in völliger Verantwortungslosigkeit gelebt, hatte sich ausgeschlafen, hatte viel gesprochen und viel geweint und dann wieder sehr viel geschwiegen und noch mal sehr viel geweint. Sie hatte in Einzeltherapien, in Gruppentherapien, bei Gesprächen mit ebenfalls Entmachteten und in der Versenkung ganz alleine in sich selbst, auf den Chiemsee schauend, jeden klitzekleinen Stein in sich einmal umgedreht, um ihren eigenen Mustern, dem Krankmachenden in sich selbst, auf die Spur zu kommen und es nach oben zu holen, nach oben ins Tageslicht des eigenen Bewusstseins.

Sie hatte alles reflektiert, alles erkannt: Das war der grandiose Teil der langen Burnout-Klassenreise. Der erschreckende Teil, der Angst erfüllende, unklare war: Was kommt danach? Was wird sein, wenn mich der Bus nach der Klassenreise zurück in Köln wieder ausspuckt, aber da sind keine Eltern, die mich abholen und die schon mal das Abendessen vorbereitet haben. Da ist eigentlich auch kein Leben mehr, außer dem, was mich so krank gemacht hat, dass ich fast daran zugrunde gegangen wäre. Es tat sich ein riesiger Schlund auf, in dem alles verschwunden war, wovon sich Anna hatte verabschieden müssen in ihrer großen Selbsterkenntnis. Es war nichts mehr da, was die alten Lücken geschlossen hätte.

Als ich Anna nach dem Klinikaufenthalt das erste Mal in Köln besuchte, war sie gerade ein paar Tage zu Hause. Und sie sah aus wie ein gehetztes Tier. Sie war getrieben davon, sich in ihrem Leben neu einzurichten, aber hatte schlicht keine wirkliche Idee, welche der riesigen Lücken sie als Erstes angehen sollte. Und womit sie sie füllen könnte.

Ich habe das bei noch einer anderen Freundin von mir erlebt: So großartig es ist, in einer Klinik einen Platz zu finden, der den Heilungsprozess vorantreibt beziehungsweise überhaupt erst ermöglicht. So schwierig ist es, dass die Patienten danach vollkommen auf sich alleine gestellt sind. Denn anders als bei mir und hoffentlich auch bei dir haben diejenigen, die so tief unten waren, vor allem Angst davor, wieder genau da zu landen. Und du weißt, wie das ist mit der Angst: Wir laufen ja leider sehr schnell auf das zu, was wir eigentlich am meisten fürchten.

Kleiner Exkurs in unser System: Unsere Gehirne sind permanent auf der Suche danach, sich selbst und ihre Bilder, Visionen, Glaubenssätze und eben Ängste zu bewahrheiten. Wir suchen also schon rein neuronal immer wieder nach Bestätigung (als ich das verstanden hatte, habe ich mich gefragt, warum es nicht *die* Gehirn heißt – das klingt mir doch sehr weiblich). Was heißt das, bezogen auf unsere Angst und auf Annas Situation: Wenn die größte Angst ein Bild ist – und zwar das des Tiefpunktes –, dann wird das Hirn versuchen, dieses Bild wieder zu bestätigen. Und wir führen uns unbewusst zurück Richtung Tiefpunkt. Vielleicht kennst du das aus deinem eigenen Leben? Ich jedenfalls schon. Ich würde sagen, viele meiner kleineren und größeren Dramen sind genau durch diese Hirnfunktion zumindest verstärkt worden. Wäre das Hirn ein Typ, könnte man wenigstens wütend auf ihn sein und sich lautstark und mit knallender Tür von ihm verabschieden. Aber da das nicht geht, sollten wir unser Möglichstes tun, diese sehr trickreiche Hirnfunktion für uns zu erkennen. Und einmal mehr ganz bewusst zu machen, wer eigentlich unsere Handlungen wie steuert. Angst sollte es eben auch in diesem Falle nicht sein.

Die Größe der eigenen Angst und die Kraft, mit der sie sich bewahrheiten will: Das ist die größte Gefahr für Menschen wie Anna, die gerade aus ihren Kokons geworfen werden. Deshalb ist auch die Wahrscheinlichkeit, nach einem solchen Klinikaufenthalt wirklich gesund und stabil zu werden und vor allem es auch zu bleiben, leider nicht besonders groß. Das spürte ich überdeutlich, als ich mit Anna bei einem Italiener in Köln saß und in ihre unruhig flackernden Augen sah.

Ich spürte: Anna braucht Hilfe. Und einen Plan. Einen mit Leitplanken und Fangnetzen. Einen, der größer und besser war als der, den ihre Angst ihr zu diktieren versuchte.

Und damit sind wir wieder bei dir und mir. Auch wenn wir aus keiner Klinik kommen: Unser Handlungsplan muss all das schlagen, was unsere Angst uns zu diktieren versucht.

Aber da war Anna natürlich noch nicht. Sie hatte zwar ein paar eigene Instrumentarien aufgrund ihres Coachinghintergrunds und aufgrund dessen, was sie in der Klinik von den guten Therapeuten mitgenommen hatte. Und sie hatte, weil sie eine ausgesprochen schlaue und vorausschauende Frau ist, natürlich auch nicht erst über ihr neues Leben angefangen nachzudenken, als die Kliniktür hinter ihr ins Schloss gefallen war. Aber ihre Angst, die sich wie eine dicke, düstere alte Frau auf jeden Hoffnungsschimmer in Annas Kopf setzte, die überschattete all die inneren Lösungsansätze erst mal. Machte sie unsichtbar, unfühlbar und wahrscheinlich auch schlicht platt (denn das machen alte dicke Frauen mit dem, auf das sie sich setzen). Sie brauchte jemanden – und das war ich für sie und möchte es eben auch für dich sein –, der ihr dabei half, an die eigenen Lösungsstrategien wieder heranzukommen, sie gut zu überprüfen. Und der sie vor allem dabei unterstützte, aus guten Gedanken Handlungen werden zu lassen. Denn Lösungen und tollste, vielversprechende Handlungsansätze nützen leider gar nichts, wenn sie nicht ihren Weg in unsere Lebenswirklichkeiten finden.

Anna brauchte genau wie ich zu meinen schlechtesten Zeiten Handlungsoptionen, die gleich Lebensbereiche betrafen.

Auf der einen Seite war Annas Job weg – auch wenn sie anfing, um eine Abfindung zu kämpfen wie eine Löwin (auch dafür brauchte sie enorm viel Kraft, die sie eigentlich gerade gar nicht zur Verfügung hatte), die ihr zumindest ein paar Monate finanzielle Sicherheit und so die Möglichkeit, sich neu zu orientieren, verschaffen würde. Für meine Freundin Anna, die bisher immer finanziell abgesichert gewesen war, schien ein Schlafplatz unter der Brücke damals gar nicht so weit weg.

Und auch ich kannte das:

In den Momenten, in denen meine Damoklesschwerter sich bedrohlich meiner Kehle näherten, erschien vor meinem inneren Auge das Bild von mir und meinen Kindern und unserer Hündin Bruni, braun-grau und stinkend, mit Einkaufswagen voller schmutziger Habseligkeiten, schutzlos unter der Brücke schlafend. Furchtbar. Und sehr eindrucksvoll.

Anna jedenfalls, soviel war uns klar, musste sich bald eine neue Existenz aufbauen. Und zwar parallel zum Kampf um eine adäquate Abfindung. Eine Aufgabe, die zu der gewachsenen Anna passte. Eine, die sie mit einem gesunden Kraftaufwand betreiben konnte, denn was ehemalige Burnoutpatienten zurück in die Kliniken spült, ist neben der bewahrheiteten Angst vor allem der Fehler, sich zu direkt wieder zu überordern. In die alten, ungesunden Lebens- und Arbeitsmuster zurückzufallen und die eigenen Grenzen sofort wieder zu überschreiten. Außerdem musste sie eine Lösung für ihre Wohnung finden: behalten oder vermieten und umziehen. Sie musste ihre Tochter stabilisieren, und jeder, der es schon einmal mit einem Teenager zu tun gehabt hat, kann in etwa nachfühlen, was alleine dieser Punkt an Kraft kosten würde. Und sie musste, mein absoluter

Lieblingspunkt des Schlachtplans, ihrem Exfreund, der sie sehr unschön im Stich gelassen hatte, innerlich noch mal kräftig in den Hintern treten.

An dem Abend beim Italiener in Köln bekamen wir das mit dem Plan noch nicht gut hin. Gemeinsam sahen wir uns da nur die vor uns liegenden Problemfelder an, die dringend nach Lösungen riefen – sie als Betroffene, ich als Außenstehende.

Ein paar Wochen später kam Anna dann zu mir nach Hamburg, und wir schlossen uns für einen Tag in meinem Coaching-Raum ein und erarbeiteten ihren Handlungsplan. Einen, der zu Anna und zu ihrer Situation und ihrem nicht mehr ganz so gehetzten Inneren passte. Anna hatte in den Wochen davor für sich selbst schon ein paar Pflöcke eingeschlagen, die ihre Augen wieder etwas zum Glänzen brachten. Diesen Hoffnungsglanz mussten wir gemeinsam nur noch verstärken. Und den würde ich gerne auch in deine vielleicht müde gewordenen Zwinger-Augen zurückzaubern.

Widmen wir uns unserem Handlungsplan. Setzen wir unsere überprüften Ziele und Ziel-Schritte um. Nehmen wir die Hürden. Wir brauchen deine volle Konzentration.

Wir brauchen dein Ziel. Und wir brauchen dein Bewusstsein da, wo wir hinwollen. In die Freiheit, in das Leben außerhalb des Zwingers, weg von jeder Kette – mit freiem Blick und freier Kehle. In dein Ich, so wie du selbst sein möchtest. Für mich eine so herrliche wie auch aufregend ungewohnte Vorstellung: frei sein. Aber ich wusste: Da! Will! Ich! Hin! Die Möglichkeit des Scheiterns gibt es nicht mehr.

9

Hürdenspringen: Der richtige Weg: ein Hindernislauf.

Wie wir unsere Hindernisse in Herausforderungen wandeln und sie angehen. Und warum wir uns dafür manchmal komplett nackt machen müssen.

*W*illkommen im Kreativteil deines eigenen Lebens. So fühlte ich mich, als mir zum ersten Mal bewusst wurde, welches meine Ziele waren. Und welche Ziel-Schritte ich umsetzen musste, und zwar in jedem einzelnen Problemfeld, also in welche kleinen Unterziele ich mein großes Ziel teilen musste, um den Weg zum Ziel gehen zu können.

Mein erstes und für mich priorisiertes Ziel: Ich will die für mich bedrückende Situation mit meiner ehemaligen Partnerin und Freundin lösen. Meine ersten Ziel-Schritte waren alle kriegerisch gewesen (unüberprüft). Meine neuen Ziel-Schritte waren das Gegenteil: friedlich.

Ziel: Ich will erreichen, dass Katrin und ich uns auf einen Vergleich einigen und endlich wieder Freundinnen sein können.

Meine Ziel-Schritte fühlten sich so gut an, dass ich sofort anfing zu heulen, als ich sie aufschrieb (ich war, wie du merkst, recht nah am Wasser gebaut in dieser Zeit):

- Ich pfeife meinen Anwalt zurück. Erkläre ihm, dass wir alles ruhen lassen, bis ich weiß, wie wir weiter verfahren und ob eine gemeinsame Lösung möglich ist.
- Ich lasse den nächsten Gerichtstermin einfrieren.
- Ich spreche mit meinem Steuerberater und mit allen, die mir fachlich weiterhelfen könnten, und erarbeite,

wie eine gemeinsame Lösung finanziell aussehen
könnte.

- Ich spreche mit meiner Familie, mit meiner Mutter
  und mit meinem Bruder, wie wir gemeinsam einen
  Weg finden könnten, einen Vergleich finanziell zu
  stemmen. Und noch schlimmer: wie wir einen Weg
  finden können, wenn es zu KEINEM Vergleich
  kommt und ich den Prozess verlieren sollte. Wer kann
  mir Geld leihen, wie vereinbaren wir die Rückzahlung
  etc. (wie gesagt, ich selbst war damals finanziell kaum
  noch belastbar)
- Ich nehme Kontakt zu Katrin auf. Und bitte sie um
  ein Treffen.

Das klingt ja nun erst mal recht simpel. Aber das war ja erst der
Anfang der Befreiung. Denn als ich meinen neuen Weg aus
Ziel-Schritten vor mir hatte, musste ich mir ja meine Hürden
vornehmen.

Dieser Schritt ist entscheidend für alles, was du in deinem
Leben noch so vorhast. Und glaube mir, das wird eine ganze
Menge sein, wenn du erst mal befreit bist. Dieses Instrument,
die Hürden und Ablenkungen und inneren Barrieren bewusst
zu machen und sie nicht mehr wegzuschieben, das ist ungeheuer
wertvoll. Denn nur, wenn du dich dem stellst, was dich bremst,
kannst du auch dafür eine Lösung finden. Und erst wenn du das
gemacht hast, kann dein Weg wirklich funktionieren.

Meine Hürden können wir am besten mit »NACKT
MACHEN« zusammenfassen:

1. Wenn ich meinen Anwalt zurückpfeife und meine
   Steuerberater ins Boot hole, halten die mich für
   wahnsinnig und legen das Mandat nieder. Das war eine

Befürchtung – und ehrlich gesagt: Ich hätte sie sogar verstanden. Sie waren ja mit mir durch ein irres Hin und Her gegangen. Alles war auf Krieg hinausgelaufen – und nun die Vollbremsung?

Ich setzte mich mit dieser Hürde auseinander, BEVOR ich den Anwalt anrief, den Gerichtstermin einfror und den Steuerberater mitnahm. Und stellte mich kurz in die fremden, juristisch-steuerrechtlichen Schuhe. Ich musste meinen neuen Plan sachlich erklären und die Gefühle raushalten. Das Facebook-Foto zum Beispiel lieber nicht erwähnen.

Meine Lösung: Ich legte mir zurecht, was sachlich dafür sprach, es jetzt noch einmal gemeinsam zu versuchen. Und dass ich dies unbedingt vor dem zweiten Gerichtstermin tun wollte, der entscheidend für einen Vergleich sein würde. Und genau mit dieser Einstellung ging ich in die Gespräche. Doch das war nichts gegen die zweite Hürde – die tat richtig weh!

2. Ich spreche mit meiner Familie. Hürde: Aua!

Ich habe eine wunderbare Mutter und einen groß-artigen Bruder. Beide sind sehr tief mit mir verbunden, schwingen in meinem bewegten Leben nun schon über vier Jahrzehnte mit mir hin und her und rauf und runter. Sie wussten natürlich in sozial verträglicher Dosis von den Schwierigkeiten, in denen ich steckte. Und von den Damoklesschwertern, die über mir schwebten.

Ich komme aus einem neugierigen Haus, mit viel Interesse an Politik, mit Büchern und Zeitschriften und Zeitungen und vielen Diskussionen – und mit nicht besonders viel Geld. Oder, ehrlicher: mit über-schaubar wenig Geld. Meine Eltern haben beide immer ausgesprochen viel gearbeitet, damit wir Tennis spielen, Reiten und einmal im Jahr in den Urlaub fahren konnten. Der Rest war bescheiden. Kleidung kauften wir bei C&A. Wollten wir Markenklamotten tragen, mussten wir uns das Geld dafür dazuverdienen. Meine Eltern haben sich, wie das in ihrer Generation immer so unschön heißt, krummgemacht, um ihre Eigentumswohnung finanziert zu bekommen. Eine Wohnung in einem terrassenförmigen Hochhaus, das man den Affenfelsen nennt. Nach dem Tod meines Vaters vor fast 20 Jahren hat meine Mutter den Rest der Hypotheken alleine abgetragen – was für sie ein echter, bewundernswerter Kraftakt war. Meine Mutter kommt klar, aber sie hat ganz sicher nicht irgendwo einen Haufen Kohle rumliegen, die ihre Tochter als Kriegs- oder Friedenskasse für ihre geschäftlichen Verfehlungen nutzen kann. Deshalb wusste ich: Wenn ich sie jetzt einweihe, muss sie sich damit auseinandersetzen, noch eine Hypothek auf ihre gerade langsam abbezahlte Immobilie aufzunehmen, was sie finanziell locker um 15 Jahre zurückwerfen würde. Und das mit 80. Puh.

Mein Bruder ist finanziell sicher etwas entspannter aufgestellt, aber die Summe, die ich gebraucht hätte, hatte er eben auch nicht. Auch er hätte sich für mich verschulden müssen. Alein der Gedanke daran hat mir nächtelang Schmerzwellen durch den schlaflosen Körper geschickt. Warum erzähle ich dir das? Weil ich möchte, dass du verstehst, was für eine dicke Hürde sich in mir auftat in dem Punkt: Ich spreche jetzt mit meiner Familie. Klartext.

Ganz wichtig, wenn wir uns mit unseren Hürden beschäftigen und versuchen, sie zu integrieren: Für manche innere Hürde – wie zum Beispiel diese, mich meiner Familie offenbaren und um Hilfe bitten zu müssen – gibt es keine andere Lösung, als sie zu nehmen. Und sofort in die Handlung zu kommen. Ich konnte mich auf das Gespräch vorbereiten und versuchte, so wenig Ängste wie möglich bei meiner Mutter zu schüren und meinem Bruder immer mal wieder mit einem schlechten Witz ein bisschen Druck zu nehmen. Aber mehr konnte ich auch nicht tun, um die Situation zu verbessern. Da musste ich nun einfach durch. Diese Erkenntnis gehört zweifelsfrei auch zu unserer persönlichen Befreiung: das äußere Bild aufrechterhalten zu wollen, und das kann man sich in manchen Situationen schlicht nicht mehr leisten. Denn muss man die Hosen runterlassen, dann wenigstens vor der eigenen Herde, oder?

3. Mit Katrin Kontakt aufnehmen und um ein Treffen bitten. Auch hier: Hosen runter! Nach 5 realen Jahren und 15 gefühlten Jahren, die wir einander nicht mehr gesehen und in denen wir die Kommunikation den Juristen und Beratern überlassen hatten (was für uns beide, gelinde gesagt, bislang ungut gewesen war), einfach sagen: halloooo! Ich bin es! Sollen wir uns mal treffen? Das kam mir absurd vor. Außerdem hatte ich Angst vor ihrer Reaktion. Ich wusste auch gar nicht, ob ich sie anrufen oder ihr besser schreiben sollte. Kennst du das? Die Unsicherheit, jemanden anzurufen und eventuell direkt mit irgendeiner unschönen Reaktion konfrontiert zu sein? Und ich entschied mich, dass der schriftliche Weg für uns beide der weniger gesichtsverlustige war. Im Nachhinein der uncoolere Weg, ich hätte den Mut aufbringen können

und sollen, sie anzurufen. Aber so konnte ich besser über meine Wortwahl nachdenken und wurde nicht so schnell von meinen eigenen Emotionen weggespült. Ich überlege mir sehr genau, wie ich diesen ersten Schritt auf sie zu formulierte. Ich wollte, dass sie spürt, dass mir das wichtig ist. Dass sie durch die Zeilen liest, dass das hier eine echte, konkrete Annäherung sein könnte – eine, die für uns beide zu einem Ende der Rechtsunsicherheit führen könnte. Kein Testballon mehr. Und gleichzeitig wollte ich auch, dass meine alte Freundin spürt, dass sie mir durch ihr Profilfoto irgendwie nähergekommen war und mich berührt hatte. Und so schrieb ich. Offen und warm und sehr viel liebevoller, als man das bei zwei Prozessgegnerinnen jemals erwartet hätte. Und sie antwortete sofort. Aber dazu dann gleich mehr.

So ging ich mein erstes Ziel an, das dann auf die anderen Ziele abstrahlte. Mein zweites Ziel zum Beispiel, nämlich auf ganz ähnliche Weise an meinen Noch-immer-nicht-Exmann heranzutreten, um unsere Scheidung so friedlich wie möglich endlich zu vollziehen.

Mein 3. Ziel: den Marathon zu laufen – aber easy. Das Kraftaktige aus meiner Marathonvorbereitung herauszunehmen und zu ersetzen durch – ja – regelmäßiges, aber vor allem durch entspanntes Training und durch das Gefühl, dass es völlig latte ist, in welcher Zeit ich die 42 Kilometer laufe. Hauptsache ist, ich habe irgendwie Freude dabei.

Mein viertes Ziel: mich noch mal mit meinem Kraftzieher-Freund auseinandersetzen, und das diesmal aus einer Stärke, nicht aus einer Schwäche. Mir ansehen, wen ich da aus meinem Herzen gekickt hatte, als darin vor allem Chaos und Dunkelheit herrschte. Und bei Tageslicht zu betrachten, ob die Gründe, die gegen uns sprachen, so stark waren, wie sie im ersten Schritt schienen.

Wichtig war für mich, mir diese Struktur zu geben. Mir überhaupt mal eine richtige Struktur zu geben – ein kleines Wunder für das Chaoshuhn.

Diese Struktur aus: Ziel klarkriegen. Ziel-Schritte überprüfen. Hürde(n) aufspüren und ansehen. Lösungsweg für Hürde(n) finden (und nicht mehr verdrängen, auch wenn es erst mal so viel einfacher wäre). Plan (mit Lösung für Hürde) machen. Abarbeiten. Jeden kleinen Teilschritt: feiern. Neues Ziel wahrnehmen. Ziel überprüfen. Hürden aufspüren. Und so weiter.

Das ist der Weg. Und er kann, glaube mir und sieh dir mein Leben an, zu einem echten Automatismus werden. Zu einem Autopiloten, der uns den Rest unseres Lebens zur Verfügung steht.

Bei meiner Freundin Josephine war das fast noch deutlicher zu erkennen als bei mir: Ihr Tiefpunkt war drastischer, ihr Zwinger viel kleiner, die Kette viel dicker und kürzer, und ihre Befreiung dauerte entsprechend länger. Und das hing vor allem damit zusammen, dass das Bewusstmachen der ungesunden Muster, die neben der akuten Situation in die elenden Abgründe der Angst geführt hatten, eine langwierige Aufarbeitung brauchte. Und einen Tiefpunkt, der so tief war, dass der Antrieb, daraus aufzutauchen, sämtliche noch vorhandenen Kräfte mobilisieren konnte.

Bei Josephine war es ja so, dass ich an Bord gesprungen war, als die Panikattacken so überhandnahmen, dass wir wirklich Angst um sie hatten. Nach irgendeiner dieser absoluten Horrornächte, von denen ich dir erzählt hatte, und einem nicht besseren Morgen lief ich mit einer völlig aufgelösten Josephine am Alsterufer entlang, und ich wusste, dass ich auch im übertragenen Sinne einen Schritt gehen musste. Ich wusste nur nicht genau, welchen. Also rief ich meinen alten Therapeuten an, der Josephine ja in der Zwischenzeit auch gesehen hatte, und bat ihn, mir einen Rat zu geben. Er sagte, er wäre dafür, Josephine in eine Klinik zu bringen. Was echt ein krasser Schritt ist – vor allem, wenn du ihn von außen anbahnst. Bei Anna – wir erinnern uns – war es ja die Ärztin gewesen, die das angeordnet hatte. Ich hatte natürlich auch vorher schon an eine Klinik gedacht, aber der Unterschied zwischen Anna und Josephine war vor allem der, dass Josephines Kinder zu diesem Zeitpunkt viel kleiner waren. Die Vorstellung, für eine längere Zeit in einen Kokon abzutauchen, war für sie geradezu unmöglich – wie ein zusätzliches Scheitern. Trotzdem stimmte sie ermattet zunächst einmal zu. Was hatte sie auch für Optionen? Sich weiter ihrer Panik zu überlassen war jedenfalls keine.

Um es kurz zu machen: Josephine blieb nicht drei Monate in der Klinik, sondern zwei Nächte. Sie wurde einmal medikamentös voll ausgeknockt und schlief, als könne sie die ganzen zerrissenen Nächte mühelos in den folgenden traumlosen Stunden heilen. Und als sie dann wach wurde, wollte sie nach Hause. Sie fand die Klinik furchtbar, nichts mit Kokon und Klassenfahrt. Sie hatte das ganz starke Gefühl, dort nicht gesünder, sondern kränker zu werden, nicht heller, sondern noch viel dunkler. All die psychisch sehr kranken Wesen um sie herum hielten ihr ihren eigenen, selbst gebauten Zwinger so drastisch vor Augen, dass sie diese ganz weit aufmachte. Und sich befreite. Aber tutti kompletti. Ich glaube, diese zwei Kliniknächte waren Josephines Erweckung, ihr Köln-Abend sozusagen.

Und so ließ sie sich abholen. Ich hatte ein ganz schlechtes Gefühl, ich hatte große Angst, dass alles nun erst richtig losgehen, dass die Panikwellen meine Seelenschwester jetzt erst recht durchwalgen würden. Aber ich sollte mich täuschen. Denn ich hatte schlicht die Urkräfte in dieser zarten Frau unterschätzt, die durch ein paar Stunden medikamentös eingeleiteten Schlaf wiedererweckt worden waren. Und diese Urkräfte, das war irgendetwas zwischen Überlebenstrieb, Handlungsbereitschaft und Willenskraft. Und sie waren massiv. Josephine marschierte los, als wäre sie in einen Topf voll Zaubertrank gefallen – ich würde es gerne mit meinem Losmarschieren nach dem Köln-Abend vergleichen –, aber das war sehr viel beeindruckender.

Josephine suchte sich selbst einen Therapeuten, den sie zunächst mehrmals wöchentlich sah. Und der goldrichtig für sie war. Einer nämlich, der all die Mauern niedersprach, vorsichtig, ohne zusätzlichen Druck, aber dennoch für sie stark genug, um sich auch als sehr scheue, sehr schlaue Frau irgendwann einlassen zu müssen. Sie suchte sich eine Atemtherapeutin, die ihr Atmungsrhythmen beibrachte, mit denen Josephine sich aus jeder noch so heftigen Panikwelle quasi rauspusten konnte. Total erstaunlich, total abgefahren, total wirksam, jedenfalls in Josephines Fall. Sie beendete ihre Tätigkeit in Dänemark bis auf Weiteres, sie besprach sich mit ihrem Mann, mit ihrer Mutter, was wo zu reduzieren und aufzufangen war. Sie machte sich einen Handlungsplan, der sich gewaschen hatte. Aber nicht, weil er so viel Kraft brauchte, sondern weil er so umfangreich war in seinem Ansatz, Kraft einzusparen und Kraftaufwand zu minimieren. Weil sie ihre Überforderung verabschiedete. Und sich bis heute nicht in sie zurückbegab. Es war, als wäre Josephine wach geworden aus einem schweren Fieberschlaf, hätte die durchgeschwitzten Laken in die Kochwäsche gesteckt, sich geduscht und säße nun, wohlriechend, aber noch leicht blass um die Nase, beim ersten richtigen Frühstück. Sie hatte sich in ihrem sehr überschaubaren Klinik-Aufenthalt entschieden, dass sie gesund werden wollte. Dass sie nicht dahin gehörte. Sie hatte einen solchen Schrecken bekommen, sich in einer Gruppe von dermaßen angeschlagenen Wesen wiederzufinden – das war ein echt großer Antrieb, es selbst in die Hand zu nehmen und schlicht anders machen zu wollen. Sie verstand, dass sie zwar geschwächt war, aber nicht schwach genug, um sich in die vollständige Fremdbestimmung bringen zu lassen. Dass sie nicht weiter hineingleiten konnte und wollte in ihr gefräßiges Kopfinneres, in den Käfig der düsteren Gedanken und der Angst.

Sie hat ihr Leben gedreht. Sie hat sich wirklich neu aufgestellt. Und zwar im Äußeren wie im Inneren. Und das mit einer Konsequenz und einer Durchgängigkeit, die mich bewundernd auf sie blicken lässt. Und mit einer Bisskraft, die jedem Staffordshire-Terrier-Kiefer zu Ehren gereicht hätte. Und die jede Kette und jede Zwingerforte einfach durchtrennen konnte.

Um diese Josephine'sche Willenskraft geht es gleich bei uns – denn die brauchen wir auch.

Vorher sage ich dir aber noch, wie Katrin auf meine erste liebevoll-vorsichtige Mail reagierte. Sie schrieb sehr schnell, sehr warmherzig zurück. Und mein Herz pochte so absurd, wie Herzen das machen, wenn wir am Anfang einer Beziehung Liebesbriefe aufmachen. Sie schrieb, sie freue sich sehr. Sie müsse einen Moment darüber nachdenken. Sie würde sich in den kommenden Tagen bei mir melden. Das fand ich groß. Denn sie sprang mir weder nach all der Zeit einfach so in den Arm. Noch schmetterte sie mich zurück. Sie zeigte mir – wie sollte es bei einer so grandiosen Psychologin auch anders sein –, dass auch sie ihre Lösungen überprüfen wollte, bevor sie eine Kehrtwende einleitete, mit der sie eventuell danach nicht würde leben wollen.

Ich klappte lächelnd mein Laptop zu. Es war sehr hell um mich. Ich hatte das warme, aufgehobene Gefühl, dass Frieden sich auf leisen, vorsichtigen Sohlen in mein Leben zurückschlich. Das hat mich sehr berührt, denn ich spürte auf einmal, wie groß und wie tiefgreifend mein Wunsch genau danach geworden war: nach Frieden. Frieden in meiner eigenen Befreiung.

10

Bewusst steuern: Klappe halten, innere Ausreder!

Wie wir konsequentes Handeln lernen,
Gewohnheiten etablieren und wie wir unsere
Belohnungssysteme dafür nutzen sollten.

Ich bin, bei allem, was mein bisheriges Leben ausmacht, nie wirklich konsequent gewesen. Ich will hier gar nicht nur von meinen immerhin schon zwei vergeigten Ehen sprechen. Zwei große Versprechen, die ich gab und die ich – aus welchen Gründen auch immer – nicht gehalten habe. Meine inneren Ausreder erklärten mir das natürlich nicht mit meiner fehlenden Konsequenz, sondern vor allem mit den Unzumutbarkeiten der entsprechenden Herren – aber das stimmt leider nicht ganz. Denn wenn es stimmt, dass beide immer zur Hälfte Schuld haben, wenn aus glücklicher Liebe unglückliche und irgendwann vielleicht gar keine Liebe mehr wird, habe ich dabei recht ordentlich mitgewirkt. Ich bin in Liebesdingen bislang nicht sonderlich valide gewesen.

Warum war das so? Ich versuche es mal mit folgendem Vergleich:

Ich habe mich in den vergangenen 30 Jahren mehrfach verliebt, bin mit ganzem Herzen und noch mehr Emphase auf den jeweiligen Beziehungszug aufgesprungen. Habe dann, along the way, festgestellt, dass entweder die vorbeifliegende Landschaft, das Zuginnenleben oder gar das Ziel des Zuges ganz anders waren, als ich es mir vorgestellt hatte. Dass irgendetwas im Zug wehtut, ungut ist, traurig macht. Im Laufe der Fahrt fühlte ich nur noch das Ungute. Und bin beim nächsten Stopp wieder ausgestiegen. Oder gleich bei voller Fahrt abgesprungen. Und nicht nur der Zug konnte sich falsch anfühlen.

Sondern es war ganz oft eben auch leider im anderen Sinne: dass ich mich als Passagier im Zug unpassend fühlte. Oder noch schlimmer: als Zugbegleiterin.

Ich fühlte mich wahlweise nicht gut, nicht schlau, nicht charmant, nicht schön, nicht wohlhabend, nicht spannend genug. Nicht sexy genug. Wenn dann diese Selbstzweifel auch noch von meinem jeweiligen Liebsten genährt wurden, bin ich auch schon mal während sehr schneller Fahrt abgesprungen. Da war der Schmerz der harten Landung zehnmal erträglicher als die Fahrt in diesem für mich giftigen, Selbstzweifel nährenden Zug.

Meine Devise war dann häufig, einfach in einen anderen Zug zu steigen. Selten gönnte ich mir dazwischen längere Pausen. Noch seltener stand ich allein auf dem Bahnsteig.

Ich bin also oft sehr konsequent in meine Beziehungen gestartet, ich hätte mir in den Anfangsphasen für wahrscheinlich jeden meiner Männer beide Arme abtrennen lassen, so konsequent war ich. Ich habe in den ersten Monaten und manchmal Jahren oft sehr vieles versucht, um doch noch passender, besser, schlauer, charmanter, reicher (haha!), kultivierter, dehnbarer, spannender, sexier zu werden, als ich mich eigentlich fühlte. Aber durch die Kraft, die mich das gekostet hat – und da sind wir noch gar nicht bei den Macken der jeweiligen Herren angekommen –, war ich irgendwann so ausgelaugt in meinen Beziehungen, dass ich mich schnell über die nächste Beziehung aus der auslaugenden Beziehung retten musste. Um mich da aufs Neue wieder passend zu machen, wieder auszulaugen und mit dem ganzen Quatsch genau so weiterzumachen.

Klingt nach großem Spaß, oder? War es nicht!

Weder für die dazugehörigen Herren noch für mich. Wie anstrengend, im Nachhinein betrachtet. Und wie gut, dieses Muster nun sehen zu können. Manchmal frage ich mich, ob ich tatsächlich erst alles gegen die Wand fahren musste, um das erkennen zu können. Und weil das ein sehr selbstkritischer Gedanke ist und ich mich ja immer noch auf dem Weg befinde, erst wirklich liebevoll mit mir zu werden, nehme ich mich dann gedanklich kurz in den Arm und sage: Ja, Hase, das war nun dein Weg, und eine Linderung hast du bis hierher schlicht nicht gefunden. Und in Wahrheit wohl auch nicht gesucht.

Aber nicht nur in Liebesdingen fehlte mir die Fähigkeit, konsequent und konsistent zu handeln. Meine Kinder können das bezeugen. Wenn wir sie fragen würden, wie viele meiner im Zorn ausgerufenen Höchststrafen – wie: Gut, dann melde ich dich JETZT vom Basketball ab, oder: Dein verfluchtes Handy siehst du NIE wieder! – ich in Wahrheit dann auch umgesetzt habe ... Ich befürchte, du kennst die Antwort. Ersetzen wir inkonsequent ruhig durch instabil.

Diese Instabilitätsliste könnte ich lange fortsetzen.

Über Themen wie Essen und Trinken und Rauchen habe ich schon geschrieben: Ich weiß so vieles darüber, aber ich habe so wenig von dem, was wirklich guttut, über längere Zeit konsequent durchgezogen.

Angefangene Fernstudien (ich wollte unbedingt doch noch »Psychologische Praxis Petra Neftel« an meiner Tür prangen haben). Gute Menschen, die irgendwo im Gewühl abhandengekommen sind, weil ich zu wenig Zeit und Aufmerksamkeit für sie freimachte. Und nein, zu den jährlichen Silvestervorsätzen kommen wir jetzt nicht. Ich denke, du hast erkannt, wie vielfältig diese Inkonsistenz bei mir ausgeprägt war.

Kennst du das? Den Atem nicht haben? Etwas nicht durchhalten? Aufgeben? Dich selbst sabotieren, weil du eigentlich wüsstest, was gut für dich wäre, es aber nicht durchziehst.

Versteh mich nicht falsch. In Beziehungsdingen stehe ich dazu: Wenn sie sich dauerhaft nicht gut anfühlt, wenn du über eine lange Strecke dein Selbst in der Beziehung verstecken musst, wenn ein oder beide Partner nicht mehr glücklich sind, wenn das Unglücklichsein überwiegt – dann sollte man (in aller Konsequenz) die Beziehung verlassen.

Ich bin in einer Familie aufgewachsen, in der sich meine Eltern schon lange nicht mehr richtig guttaten. In der wir Kinder den Spaß und die Freude, die unsere Eltern irgendwann miteinander hatten, vor allem aus ihren Erzählungen kannten. Sie haben sich nichts angetan, aber sie waren wohl beide einfach nicht mehr wirklich glücklich in ihrer Ehe. Und obwohl es manchmal sehr deutliche Anzeichen gab, ist keiner der beiden gegangen. Das Nichtmehrglücklichsein wurde zum Standard.

Jetzt wirst du küchenpsychologisch absolut richtig schlussfolgern, dass mein häufiges Zuggespringe und Gewechsele sicher auch einer Antihaltung gegenüber dauerhaft nicht stimmigen Paarbeziehungen entstammt. Weil ich schlicht nicht so leben wollte, wie es mir von meinen beiden wunderbaren (jeder für sich) Eltern vorgelebt wurde. Das stimmt ein bisschen, glaube ich! Zumindest als einer der Antriebe. Aber ich bin überhaupt keine Freundin davon, alles gegenwärtige Unglück und jeden Mist, den wir in unserem Erwachsenenleben so verzapfen, auf unsere Eltern und Familiensituation zurückzuführen. Und nein, das nervt mich nicht nur deshalb, weil ich über 50-Jährige einfach nicht ernst nehmen kann, die immer noch ihrer Mutter die Schuld dafür geben, dass sie so viel Aufmerksamkeit brauchen oder nur in ungesunden symbiotischen Beziehungen leben können. Sondern auch, weil ich es schlicht als Lebensentschuldigung schwach finde. Und diese Sicht der Dinge auf mangelnde Lernbereitschaft verweist. Da sträubt sich schlicht alles in mir. Ich denke, dass viele Hürden und der

Mist, den wir bauen, allein uns selbst zugerechnet werden kann und nicht mehr auf die Kappe unserer Eltern geht. Und ich empfinde das tief – und nicht nur deshalb, weil ich keine Lust habe, bis in alle Ewigkeit selbst für die Verfehlungen meiner Kinder verantwortlich zu sein. Oder gar von ihnen dauerhaft dafür verantwortlich gemacht zu werden.

Ja, einerseits habe ich wahrscheinlich eine tief sitzende Furcht davor, in einer Ehe zu landen, in der Nicht-glücklich-Sein Programm ist, und es kann durchaus sein, dass dies einer der Gründe dafür war, immer eher zu gehen. Andererseits liegt es vermutlich genauso an meiner eigenen Unfähigkeit, stabil und konsequent zu sein. Interessanterweise gibt es nur ein Feld, für das das nicht gilt, fällt mir beim Schreiben gerade auf. Und das ist mein Job. Oder vielmehr meine beiden Job-Welten.

Weder auf der journalistischen Seite, die sich dann zur reinen Fernsehseite ausprägte, war ich sprunghaft, noch auf der Coachingseite, die mein Herz so sehr berührt. Beide Arbeitswelten habe ich, nachdem ich mit ihnen angefangen habe, nicht mehr verlassen. Habe sie gepflegt, bin drangeblieben. Auch wenn sich meine Gewichtung gerade sehr deutlich Richtung Coaching und Begleitung verlagert. Und ich der Fernsehwelt langsam, aber sicher entwachse.

Das ist nun eine lange Einleitung geworden in das Thema, das für uns so entscheidend ist, wenn wir uns befreien und unseren mühevoll erstellten Handlungsplan auch tatsächlich umsetzen wollen. Aber diese Länge der Einleitung hat ihre Berechtigung, weil mir wichtig ist, dass du tief spürst, dass du nicht alleine bist mit deinen Macken. Und dass du dir zehnfach selbst auf die Schulter schlagen solltest, wenn du Konsequenz und Konsistenz schon in dein Leben, deine Lieben und deine Handlungen gebracht hast.

Ich habe in den vorangegangenen Kapiteln beschrieben, wie meine Verwandlung und Befreiung, mein Weg raus aus dem inneren und äußeren Jammertal funktioniert hat. Wie ich zu meinen richtigen Zielen kam und was ich an äußerer Struktur brauchte, um sie erreichen zu können. Wie aus Feen-Wunsch Willenskraft im allerbesten Sinne wurde.

Das Schlafen-essen-to-do-and-not-to-do und das ständige Fröscheschlucken, all das ist zwar ein innerer Prozess des Sichbewusstwerdens, aber darauf folgen die Handlungen, die ja im Außen stattfinden. Das ist bei dem Teil, der jetzt ansteht, ganz anders. Der innere Teil der Ausreden, der Ausflüchte, der Inkonsequenz und der Instabilität. Der Teil der Gewohnheiten und Muster – der guten, aber eben auch der unguten. Der Teil, in dem wir uns mal klarmachen müssen, was wir brauchen, um zu handeln. Und wie wir uns mit einem Wimperschlag jeden noch so tollen Handlungsplan zerschießen können. Der Teil, den wir brauchen, um Ausdauer in unserem Leben zu etablieren!

Wenn wir uns das nicht genau ansehen, kann dieser Teil zum allergrößten Verhinderer unseres Wachstums werden.

Wir wissen inzwischen, wie viel unseres Handelns von Routinen und Gewohnheiten bestimmt wird. Nämlich bis zu 50 Prozent. Zieh dir das bitte mal kurz rein – wenn ich das so drastisch sagen darf! Die Hälfte dessen, was wir tun, wird schlicht davon bestimmt, wie wir es immer schon gemacht haben. Ist das nicht unglaublich, was unsere Hirne mit uns tun? Wir gaukeln uns auf der einen Seite vor, selbstbestimmte, frei denkende und frei handelnde Menschen zu sein. Aber in Wahrheit sind wir total konditioniert und programmiert, und ganz viel von dem, was wir tun, geschieht reflexartig.

Was toll sein kann, wenn es um die guten Gewohnheiten und Muster geht. Die liebevolle Abendroutine zum Beispiel, mit der wir unsere Kleinen davon überzeugen, dass sie doch wirklich jetzt müde sind und langsam in die Traumwelt hinübergleiten sollten. Verinnerlichte Abläufe, die uns helfen, Dinge schnell und ohne groß nachzudenken zu erledigen. Schwierig wird das Ganze, wenn wir über die Gewohnheiten und Routinen nachdenken, die für uns eben nicht so positiv sind. Die Handlungsmuster, die sich eingeschliffen haben, irgendwo, irgendwie – und die uns an etwas hindern, uns instabil werden lassen oder uns schlicht schaden.

Die nämlich, die uns geholfen haben, unseren Zwinger zu basteln, die uns unfrei, unglücklich, vielleicht auch ungesund (und sogar unhübsch, unsicher, unsympathisch) machen. Wenn wir wirklich etwas verändern wollen, müssen wir entscheiden: welche Gewohnheiten tun uns gut – und welche hindern uns daran, gesund und frei zu sein.

Erinnere dich an das Stück unseres Weges, als es um unsere Kraft ging und darum, über Essen und Trinken, über Bewegung und über Schlaf das wiederzubekommen, was uns irgendwann abhandengekommen war. Ich meine: Stärke, Selbstfürsorge, Selbstwert, Halt und Pausen. Ich lass die Hosen mal noch ein bisschen weiter runter und erzähle dir von meinen unguten Gewohnheiten. Die mir aber auch erst mal klar werden mussten, um mich dann von ihnen zu verabschieden.

Solche Gewohnheiten wie: nie vor Mitternacht schlafen gehen, egal was am nächsten Tag ansteht. Mit Freundinnen, mit dem Liebsten, mit der Mutter, mit mir selbst abends häufig eins, zwei, drei Gläser Wein trinken.

Ich nahm keine ordentlichen Mahlzeiten zu mir, sondern snackte mich durch den Tag, um dann heißhungrig auch gerne mal den ganzen Brotkorb zu verspeisen mit all der dazugehörigen salzigen Butter. Um mich danach total schlecht zu fühlen, so schlecht, dass mir danach auch der in bester Absicht bestellte, tolle Superfood-Salat nicht mehr weiterhelfen konnte. Und der dann wiederum, zum Besserfühlen, mit noch einem Glas Weißwein bespült werden wollte.

Kennst du diese doofen, ungelenkten Handlungsketten? Die am Morgen danach zu dem strengen und unliebsamen Blick in den Badezimmerspiegel führen? Und dazu, dass wir uns dafür kreuzigen könnten, jetzt ein halbes Kilo mehr unter die Dusche tragen zu müssen. Und zwar nur, weil wir nicht aufgepasst haben. Was selbstverständlich überhaupt nicht heißen darf, dass wir fortan im Zielerreichungswahn zu permanent Selbstdisziplinierten werden. Dass wir nicht mal voll über jede erdenkliche Strenge schlagen. Doch! Logisch! Aber wir machen das, wenn wir das wollen! Wenn es uns guttut, Schlechtes zu tun! Wenn wir bewusst entscheiden, mit Kater und 500 Gramm mehr aufzuwachen, und beides mit Stolz und Freude tragen, weil die Nacht unvergesslich war! Und nicht, weil wir uns nicht im Griff haben, da einfach reinschliddern und uns am nächsten Morgen mit der flachen Hand gegen die pochende Stirn schlagen und uns für die ungestalteten Ausrutscher ganz besonders doof finden. Das tut nämlich NICHT gut. Auf Dauer. Echt nicht.

Dass Gewohnheiten und Süchte sehr nah beieinanderliegen, ist logisch.

Ich hatte dir ja schon berichtet, dass ich mehrfach in meinem Leben versucht habe, mit dem Rauchen aufzuhören. Vor inzwischen 18 Jahren habe ich das »richtige Rauchen« aufgegeben, das, das morgens mit der Kippe zum Kaffee anfängt und nachts mit Druck auf der Brust und ca. 20 gerauchten Zigaretten endet. Ich habe aus einem starken Impuls heraus aufgehört: als mein Vater starb (an den unmittelbaren Folgen seines langen Zigarrenrauchens).

Das ist ein krasser sogenannter *teachable moment*, ein Moment, in dem sich unser Kontext ändert – zu diesen lehrreichen Momenten kommen wir gleich noch.

Also, nachdem mein Vater gestorben und die schlimmste Trauerphase vorbei war, folgte ich meinem starken Impuls und hörte auf zu rauchen. Parallel fing ich an, wie eine Irre zu laufen, sodass das ganz gut klappte. Ein gutes Jahr lang. Bis ich mich zu sicher fühlte und anfing, manchmal, wenn ich ein Glas Wein in die Hand nahm, mir auch eine Zigarette dazu zu gönnen. Erst war das recht selten und jedes Mal ein großer, herrlicher Moment für mich. Und auch noch einer, der mir bewundernde Blicke meiner noch permanent rauchenden Freunde einbrachte: Warum kannst du gelegenheitsrauchen, wo du vorher doch auch abhängig warst. Doofe Falle, konnte ich natürlich auch nicht. Was in meinem Kopf passierte, war nämlich das Folgende: Mein Hirn verknüpfte erst Wein und dann jedes abendliche Zusammensein und dann später nur noch jeden Abend mit Zigaretten. Das hieß: Ich konnte die Tage total rauchfrei sein. Aber sobald sich das Tageslicht änderte und ein Hauch von Dämmerung über allem lag, kam mein Gewohnheits- und sicherlich auch Sucht-Muster durch und erwartete zur Steigerung des allgemeinen Wohlbefindens Zigaretten. Aus einer wurden drei, und aus drei wurden dann sehr gerne auch mal fünf. Und so hatte ich rauchfreie Tage, aber zog mir abends genug Nikotin rein, um morgens trotzdem mit einem fiesen Gefühl in Kopf und Brust und einem widerlichen Geschmack von totem Nager in meinem Mund aufzuwachen.

Das Rauchen war wieder zu einem Automatismus geworden. Aber eben einer, der mir mehr schadete, als dass er mir half, mein Leben schöner und besser zu machen. Und der gemeinerweise auch noch an eine andere Gewohnheit gekoppelt war – zunächst an Wein, dann generell an gesellige Abende, dann an quasi jeden Abend. Unausweichlich.

Wichtig für uns ist erst mal ja gar nicht, dass wir uns all unsere Gewohnheiten und Muster vergegenwärtigen. Denn dann werden wir schlicht irre. Das wäre zu viel Introspektive, wie die Therapeuten es nennen, zu viel Innensicht.

Wir erleben einen sogenannten und eben kurz erwähnten *teachable moment*. Bei mir waren es, wie trefflich schon mehrfach beschrieben, mehrere *teachable moments*, die zusammengebraut ein extra dicker *teachable moment* wurden. Der Moment, in dem ich glasklar meinen Zwinger sah.

Wenn unsere derart dicken *teachable moments* uns helfen sollen, uns aus unseren Zwingern zu befreien, dann brauchen wir neue Gewohnheiten, eine gestärkte Willenskraft, eine größere Konsequenz in unserem Handeln, ein freieres Denken, ja nicht nur jetzt, in diesem großen Moment, sondern dauerhaft. Wir müssen umdenken und umfühlen und umhandeln. Und das AB jetzt. Nicht nur jetzt.

Bei mir sah das so aus:

Ich habe den *teachable moment*, meinen Erweckungsmoment, bei Anna in Köln gehabt. Da habe ich ihn gesehen, den hässlichen kleinen Käfig. Durch ihre Fragen, durch die vielen tiefen und dunklen Baustellen, die sich mir und ihr dort dadurch offenbarten. Durch meine plötzliche Einsicht, dass ich so nicht mehr weitermachen konnte und wollte. Dass ich in die Handlung musste. Mir jedes einzige Feld genau ansehen und für mich in die Lösung bringen musste. Dann habe ich in Lösungen gedacht und mir jedes Verdrängen verboten. Ich habe, nach den ersten Fehlschüssen, meine Lösungen überprüft. Ich habe, ganz wichtig, alles integriert, was sich nach Störung und Unstimmigkeit angefühlt hat. Und bin mit noch größerer Kraft losmarschiert. Und dann habe ich, um das überhaupt schaffen zu können, während mein ja auch ansonsten nicht gerade un-anstrengendes Leben weiterging, meine Gewohnheiten ver-ändert und meinen Handlungen so einen echten Kraftschub gegeben.

Und genau darum geht es eben. Nicht nur auf einmal zu wis-sen, was richtig ist. Nicht nur in die Handlung zu kommen, die uns aus der momentanen Schwere befreit. Sondern in der Handlung zu *bleiben*.

Dazu musste ich und müsstest du (wenn du wolltest) dir deine inneren Ausreden mal genau ansehen. Wer quatscht uns dazwi-schen, wenn wir uns so sehr bemühen, unsere Stabilität zu fin-den und vor allem in ihr zu bleiben? Wer sagt uns, es wäre doch so viel kuscheliger, jetzt im Bett zu bleiben, als schon wieder die eklige kalte Kröte in den Mund zu nehmen? Jetzt aufzustehen. Irgendwas Unangenehmes anzugehen. Oder konsequent zu bleiben.

Wie kriegen wir diese inneren Ausreder, die echte Plauderta-schen sein können und uns so viele Bilder von herrlichsten Komfortzonen aufzeigen, dass wir irgendwann, wenn es ganz schlecht läuft, gar keine Lust mehr auf unser Wachstum, auf unsere Befreiung, auf ein selbst gestaltetes Leben haben – wie kriegen wir die also ruhiggestellt?

Ich gehe auch hier – wie in all dem, was ich dir mitgebe – aus einer Mischung von meinem eigenen Weg und den mir bekann-ten und wissenschaftlich weitestgehend validierten Coaching-ansätzen aus.

Wir brauchen eine Mischung aus guten neuen Gewohnheiten, mit denen wir unsere alten, nicht so guten Gewohnheiten kontern. Und wir brauchen ein ausgefeiltes Belohnungssystem, mit dem wir uns immer wieder neue Anreize schaffen, um unsere Handlungsfähigkeit mit so viel Willenskraft aufzuladen, dass sie dauerhaft und nachhaltig wird.

Was das in meinem konkreten Fall mit sich brachte, ist das Folgende: Ich habe meine schlechte Gewohnheit des späten Einschlafens verändert, um mir morgens Zeit zu verschaffen, die ich für meine Befreiung nutzen wollte. Und mir dafür einen dicken Hafermilchkaffee mit viel braunem Zucker nach dem frühen Aufstehen gegönnt. Und mich manchmal zudem noch belohnt, indem ich mir abends, vor dem frühen Einschlafen, ein oder zwei Folgen meiner leichten, feinen Lieblingsserie gegönnt habe. Das hat erstens meinen Kopf unheimlich beruhigt. Zweitens hat es meine Müdigkeit verstärkt (das ist nur deshalb möglich, weil ich eine relativ seichte Serie gewählt habe, also eine, die mich nicht zu sehr aufwühlt und die mich nicht fertigmacht und die mich vor allem nicht sonderlich aufregt). Und drittens hat es eben in der Kombination mein Belohnungssystem getriggert. Ich mache etwas (das verdammt frühe Aufstehen), und dafür bekomme ich etwas (Entspannung, Freude, Leichtigkeit). Ich ersetze eine doofe Gewohnheit (das super späte Ins-Bett-Gehen, das Kein-Ende-Finden, das unproduktive Im-Netz-Rumsurfen, mir die Lebenseitelkeiten anderer Menschen auf Instagram reinpfeifen oder eben 6 Folgen einer aufreibenden Serie ansehen und dazu dann gerne auch noch zwei Gläser Rotwein trinken) mit einer guten Gewohnheit (zu der mit mir selbst verabredeten Zeit – über die jedes elfjährige Kind lachen muss – das Licht ausmachen und schlafen, ohne Rotwein, dafür mit einem wirklich guten Gefühl). Und belohne mich dafür eben nicht nur mit diesem guten Gefühl, das das in mir auslöst.

Sondern auch noch real mit Milchkaffee und Leichtigkeit. Und mit einem sensationellen Schlaftee in einer besonders schönen Tasse.

Bei unserem Belohnungssystem müssen wir nur wissen: Um es dauerhaft zu triggern, müssen die Belohnungen variieren. Also mal die Serie, mal das Glas Rotwein. Mal einen Cheating-Abend, an dem ich ausgehe und mit einer Freundin esse und trinke und tanze und schlafen gehe zu genau der Zeit, zu der ich sonst aufstehe. Aber nicht unkontrolliert. Sondern bewusst als Belohnung. Und als solche eben auch gespeichert und verbucht. Das ist ganz wichtig: Ich tue mir jetzt etwas Gutes. Weil ich etwas gut gemacht habe. Das ist der Belohnungsansatz.

Anderes Beispiel: Ich habe eine Kröte geschluckt – ich habe zum Beispiel meinen Anwalt angerufen, ich habe mich mit meinen ungeliebten Belegen fürs Finanzamt auseinandergesetzt, ich habe irgendeine nervige organisatorische Aufgabe gelöst: Jetzt gönne ich mir dafür ein unglaublich buttriges Croissant (auch um den Froschgeschmack loszuwerden). Oder ich darf, nachdem ich 3 Seiten in meinem Buch geschrieben habe, endlich laufen gehen (ja, es ist unglaublich, aber laufen ist für mich neben essen und trinken tatsächlich eine der größten Belohnungen).

Warum müssen unsere Belohnungen variieren?

Hast du schon mal von der hedonistischen Adaption, also Gewöhnung gehört? Sie ist für unser gesamtes Glück eher Fluch als Segen. Die hedonistische Gewöhnung, die seit 1971 von den Psychologen P. Brickman und D. T. Campbell als wissenschaftlich beschrieben gilt, zeigt, wie schnell wir uns als Menschen (wobei: Sie ist auch bei Nagern nachgewiesen worden) auch an extreme Reize gewöhnen. Egal, ob wir einen Sechser im Lotto haben oder unseren rechten Arm verlieren – im Positiven wie im Negativen hält das riesige Glück, das wir beim Gewinn, und das riesige Unglück, das wir beim Verlust empfinden, nur für eine relativ kurze Zeitspanne an. Nach ein paar Wochen schon verlässt den Lottogewinner das Hochgefühl. Ebenfalls schon nach ein paar Wochen hat sich der Amputierte gefühlsmäßig an seinen Verlust gewöhnt. Und beide kehren ungefähr zu dem Zufriedenheitslevel zurück, den sie vor ihren jeweils ja großen Einschnitten empfunden haben.

Die hedonistische Adaption ist eine interne Schutzvorrichtung, die uns davor zurückhält, zu lange in Extremen zu fühlen – sie gleicht unseren Glücks- und Unglückslevel quasi immer wieder aus.

Was eine total großartige Nachricht ist, wenn wir eine lange Gefängnisstrafe vor uns haben oder eine Kriegsgefangenschaft. Denn auch darin richten wir uns, gefühlsmäßig, nach ein paar Wochen ein. Und interessanterweise lässt die relative Zufriedenheit von selbst in Isolationshaft eingebuchteten Häftlingen erst nach, kurz bevor sie entlassen werden. Denn dann scheinen sie sich wieder vermehrt mit ihrer näherrückenden Freiheit zu befassen und stellen auf einmal wieder die Enge fest, in der sie sich gerade befinden. Die Gewöhnung ist gebrochen, das Unglück nimmt wieder zu. Letztes Faktum zu den Häftlingen: Die Zahl der Ausbruchsversuche steigt entsprechend rapide an, je näher das Haftende rückt. Verrückt, was unsere Hirne da treiben. Und es geht verrückt weiter:

Wie die beiden Psychologen Shane Frederick und George Loewenstein von der Carnegie Mellon Universität uns mit einer Übersicht von Adaptionseffekten klarmachen. Die Befragung der – laut Forbes Magazin – reichsten Männer Amerikas zeigt uns die vermeintliche Glücksseite: 37 Prozent der Superreichen waren mit ihrem Leben unzufriedener als der statistische Durchschnittsmensch. Jetzt kannst du natürlich mit der alten Binsenweisheit »Geld alleine macht auch nicht glücklich« um die Ecke kommen. Oder mit dem Gedanken, dass die Superreichen eventuell unter heftigem Stress leiden könnten (ist aber eher nicht so, weil die Forbes-Reichen so reich sind, dass sie unglaublich vieles delegieren und sich abnehmen lassen).

Nein, auch hier ist die hedonistische Adaption für den nicht gesteigerten Glückslevel verantwortlich: Die Krösusse haben sich schlicht an ihren Reichtum und all die Annehmlichkeiten gewöhnt.

Was will ich dir damit sagen? Ich will dich sensibilisieren und mich gleich dazu. Wir wollen unsere schlechten Gewohnheiten ablegen. Und sie ersetzen durch das, was wichtig und gut für uns ist. Und das wollen wir etablieren und trainieren, sodass wir langfristig auf einem möglichst hohen Glücks- und Zufriedenheitslevel unterwegs sein können.

Dazu brauchen wir neue Gewohnheiten. Gutes, regelmäßigen Essen und Trinken. Einen guten Schlafrhythmus. Wir brauchen Ruhephasen, spirituelle Pausen mit Sitz- und Atemübungen. Wir brauchen Kreativität. Und körperliche Stärke und Gesundheit. Auf diese fünf – Essen/Trinken, Schlaf, bewusste Ruhe, Kreativität, körperliche Stärke – müssen unsere Gewohnheiten bestenfalls einzahlen wie auf ein unsichtbares Glückskonto.

Und jedes Mal, wenn wir es schaffen, etwas von diesen fünf neuen Gewohnheiten auf unser Glückskonto einzuzahlen, müssen wir uns belohnen. Damit wir genau das als Gewohnheit etablieren können. Damit unser Gehirn in die richtige Spur kommt. Und die neuen Gewohnheiten sich für uns super anfühlen, obwohl sie bedeuten, dass wir uns von den alten, eingefahrenen, liebgewonnenen Pfaden und Mustern lösen. So funktioniert sie, die Befreiung auf vielen Ebenen.

Also: Werde kreativ im Belohnen. Höre in dich hinein. Was macht dir Freude? Was ist eine realistische Belohnung? Wie kannst du sie variieren und damit deine alten Muster überlisten?

Anna zum Beispiel hat es nicht so sehr mit den kleinen Belohnungen. Anna war sicher ihr ganzes Leben lang ein ziemlich radikales Wesen. Ganz oder gar nicht, Schwarz oder Weiß. Gerne immer das volle Programm.

Jetzt habe ich dir von ihrem Zusammenbruch erzählt, von ihrem Burnout-Klinikaufenthalt und von ihrem sehr schweren Weg zurück in ihr Leben.

Sie hat, nachdem sie nach Hause zurückgekehrt war, tatsächlich sehr konsequent begonnen, ihre neue Existenz aufzubauen. Parallel hat sie ihre Abfindung verhandelt. Hat sich ein kleines Coaching-Büro eingerichtet, sich eine Webseite gebaut, erste Akquise-Runden gestartet und ihre Wohnung so umgebaut, dass sie sie zwischendurch als Airbnb untervermieten konnte und für diese Phasen in ihrem kleinen Büro schlief. Alles wahnsinnig schlau und zielfokussiert. Und mit der Kraft, die sich entwickelt, wenn man weiß, dass man das für sich selbst genau Richtige tut.

Anna hat in genau dieser Phase auch noch ihren absoluten Traummann kennengelernt. Tim. Ein unglaublich guter Typ – der ausnahmsweise mal kein weiterer kräfteziehender Pflegefall war. Tim ist genau der Typ Mann, den eine so krisengestählte und tolle Frau eben an ihrer Seite braucht. Einer, der stark ist, ohne alles dominieren zu müssen. Der schlau ist und liebevoll. Der die Weitsicht hatte, zu sehen, was in dieser Frau steckt, wenn sie erst mal wieder in ihrer vollen Kraft angekommen ist. Und der alles daransetzte, sie zu unterstützen. Was für ein Geschenk. Für beide.

Aber zurück zu den Belohnungen und Annas Radikalität. Anna schaffte es also, sich innerhalb von ein paar Monaten ein komplett neues Leben aufzubauen. Eines, das ihr sehr entsprach. Und eines, in dem sie dennoch sehr leicht wieder in ihr Überforderungsmuster hätte abgleiten können. Aber Anna, smart, wie sie nun mal ist, hat es großartig gelöst. Sie hat gemeinsam mit ihrem Liebsten einen zutiefst belohnenden Lebensrhythmus etabliert. Sie arbeitet fleißig (aber nicht zu krass) ein paar Wochen. Und dann machen die beiden ein paar Tage frei. Und ziehen sich in ihr neues Zweitdomizil am Chiemsee zurück, in die Gegend, in der Anna gesund wurde und die für sie somit zum absoluten Kraftort geworden ist. Sie haben sich dort ein kleines Minihäuschen auf einem alten Biobauernhof gemietet, ein Ort, der so zauberhaft ist, der zum Einmummeln, Wandern, Ruhen einlädt. Besser geht's kaum für Annas Seele.

Den Sommer über machen die beiden komplett frei und verabschieden sich zumeist für mindestens zwei Monate, sind am Chiemsee und machen von dort aus Wohnmobilreisen überallhin. Anna belohnt sich nicht sonderlich variantenreich. Aber die Varianz entsteht dadurch, dass zeitliche Distanzen zwischen den Belohnungen sind – und so fühlen sie sich auch jedes Mal wieder nach Belohnung an. Das Hirn gewöhnt sich nicht an sie. Annas und Tims Belohnungsweg ist etwas radikal – und passt somit wunderbar zu den beiden, weil es nicht die täglichen kleinen Routinen sind, mit denen sie sich aufhalten, sondern gleich die großen Kracher.

Aber – und das machen sie ganz genau richtig: Sie zahlen für dasselbe ein. Ich arbeite, so gut und viel, dass ich gut klarkomme (neues Muster), und dafür belohne ich mich, in dem ich jedes Mal aufs Neue eine Erholungsinsel vor meiner Nase habe, auf die ich zuschwimmen kann.

Und so bleiben wir gesund, leben in unserer Kraft, sind bewusst und brauchen die ganzen blöden, uns selbst irritierenden und irgendwann auch absorbierenden inneren Ausreden nicht mehr. Die sich schlicht doof anfühlen. Wir treten die Käfigwände ein. Und werden frei. Und konsequent. Das alleine schon ist eine echte, große Belohnung!

II

Bitten und danken: Unser Netzwerk! Ist unser Auffangnetz!

Fragen wir, bitten wir, danken wir. Kicken wir liebevoll die raus, die uns Kraft rauben. Und was Hühnersuppe damit zu tun hat.

Wir haben nun schon so viel geschafft. Das macht mich tatsächlich sehr glücklich und sehr demütig. Und das meine ich ganz ehrlich. Wir haben uns sehr intensiv auseinandergesetzt mit dem, was uns zwingt. Mit den inneren Verhinderern. Mit den großen Hürden und Blockaden, die unserem Wunschleben und dem, wie wir uns sehen wollen und wie wir vor allem auch sein können, entgegenstehen. Wir haben sie mitgenommen und integriert, sodass sie uns nicht mehr aufhalten können. Und das allein ist schon wunderbar. Ich danke dir, dass du bis jetzt auf dieser Reise bei mir geblieben bist!

So, wie du bei mir bist und ich bei dir bin, so brauchen wir für unsere innere Befreiung Menschen, die dabei unsere Hand ergreifen und bei uns sind. Es müssen nicht immer die sein, die an Bord springen und ins Steuerrad greifen, so wie Anna bei mir oder ich bei Josephine. Es sind manchmal auch die, die leise Anmerkungen machen, die den kleinen Hinweis geben. Die uns sehen dürfen, wenn wir uns eigentlich lieber verstecken würden. Die, die uns behutsam ins Ohr flüstern: Petra, es ist alles in Ordnung, aber du solltest dir einfach mal wieder die Haare waschen (das war Josephine).

Oder meine Freundin Sandra, die, nachdem ich schon mehrere Wochen mit dem fiesen Toilettenkeim unterwegs war, mit einem Topf selbst gekochter und superscharfer Hühnersuppe vor meiner Tür stand und nur einen Satz dazu sagte – und den sehr eindrücklich: Du! Isst! Das! Jetzt!

Über Hühnersuppe in schlimmen Zeiten könnte ich ein ganzes Kapitel, wenn nicht gar ein ganzes Buch schreiben: Sandra kam also mit ihrem noch dampfenden Topf – und ich bin sicher, es roch toll, aber das konnte ich leider nicht wissen, weil meine Nase total verstopft war –, und ich fing sofort an zu heulen. Sandra hat mich schon in sehr bösen Situationen erlebt – und ich sie Gott sei Dank auch –, aber ob der Heftigkeit, mit der ich über eine Hühnersuppe weinen konnte, war sie dann doch erstaunt.

Eine sehr ähnliche Szene spielte sich dann wenige Tage später wieder ab, als meine Mutter und ihr blutjunger Liebster (meine Mutter ist 80 und ihr Lebenspartner 60) ebenfalls mit einem Topf selbst gekochter Hühnersuppe ankamen. Nur war die meiner Mutter nicht scharf, sondern ganz mild, wie die, die sie uns als Kinder manchmal gemacht hatte. Und sie hatte – und das hat meine Tränenkanäle dann echt geflutet – auch noch diese Muschelnudeln in die Suppe gegeben, die sich so vollsaugen mit Hühnerbrühe, dass sie in ihrer Konsistenz nur noch einen Hauch von Nudelbrei entfernt sind. Und diese vollgesogenen Muschelnudeln, die auch in den Suppen meiner Kindheit zu finden waren und die ich seitdem so auch nie wieder irgendwo gegessen habe, haben mich so tief berührt, dass ich mich vor lauter Schluchzen fast daran verschluckte und dabei auch hätte sterben können. Das ist es, was die Liebe und die Hühnersuppe mancher Menschen mit uns machen.

Es gibt die selbst gewählten Menschen, die uns ein Stück durch die Befreiung begleiten, wie in diesem Fall Sandra und eben Anna und Josephine und Kaddi und Zicknschick und Anni und Katrin und Katja: wunderbare Frauen, die zu mir gehören.

Und dann gibt es so Menschen wie Leonard, die irgendwann dazukamen und immer geblieben sind. Leonard gibt es schon seit meinen RTL-Anfangsmoderationszeiten in meinem Leben.

Mit ihm hatte ich mal stärkeren und mal schwächeren Kontakt. Aber eigentlich nie gar keinen. Und der auf einmal, als die Zwingerwände mir bedrohlich auf die Pelle rückten, wiederauftauchte. Ich kenne niemanden, der auch nur annähernd so wissbegierig und neugierig ist wie er. Und ich kenne erst recht niemanden, der so dermaßen viel macht, umsetzt, auf die Beine stellt – an neuen Projekten, neuen Firmen, neuen Synergien, hier einem Buch und da einer eigenen Kosmetik-Linie. Leonard war es, der mich, als es sehr dunkel war um mich, immer wieder mit kleinen und größeren Impulsen inspiriert hat.

Hier ein Coachingbuch. Da ein Podcast. Hier ein Artikel. Da ein Foto. Immer irgendwas, das etwas in mir anstieß. Etwas wie: Wow, das könnte ich auch machen. In die Richtung habe ich noch gar nicht gedacht. Das habe ich noch nie gehört, noch nie gesehen.

Auch und gerade diese Menschen sind wichtig für uns, wenn wir uns häuten und befreien wollen. Denn wer eine Haut abstreift, sollte sich zwischendurch kurz überlegen, dass er dann ja eine neue gebrauchen könnte. Und klarkriegen, wie die aussehen soll. Und genau dafür brauchen wir Inspiration wie die von Leonard.

Und dann gibt es noch die Menschen, die quasi zwangsverpflichtet sowieso immer dabei sind, weil sie Familie sind.

Also die, die sich gar nicht aussuchen können, ob sie bei uns sein wollen, während wir am Tiefpunkt angelangt sind, ob sie all die Tränen fließen sehen, all die Zweifel hören wollen, und auch nicht, ob sie uns mehr oder weniger bewundernd bei unserer Befreiung zusehen wollen. Sondern die an unserer Seite sind, weil sie zu unserem Glück gar nicht anders können. In meinem Fall, neben dem eh schon gemütsgeschüttelten Hund, meine Kinder, meine Hühnersuppen-Mutter und ihr Liebster, mein liebevoll zurückhaltender Bruder Lanlan, der eigentlich

Jan heißt, aber dessen Namen ich als Kleinkind lange so aussprach. Der zusammen mit seiner liebevollen und ebenfalls sehr zurückhaltenden Frau Christine auch mehrfach bei mir saß und all seine Zurückhaltung über Bord warf. Um zum Beispiel sehr deutlich zu sagen, dass die beiden der festen Meinung waren, ich müsse diese längst überfällige Scheidung endlich durchziehen. Sehr deutlich.

Wenn zurückhaltende Menschen sehr deutlich werden, hat das (vielleicht auch durch den Überraschungseffekt) eine ganz besondere Wirkung.

Und dann gibt es die Menschen, die wir zu uns bitten, die wir aktiv in unser Leben holen, weil wir ihren Rat brauchen. Weil sie uns mit etwas auf unserem neuen Weg unterstützen können und müssen, was wir selbst als Kompetenz oder Ressource so nicht an Bord haben. Weil wir durch sie einen Boost an Inspiration kriegen, weil sie uns aus dem Mist hauen können: juristisch, finanziell (steuer- oder lebens- oder atem-)beratend. Bei mir waren das zum Beispiel meine Anwälte. Lustigerweise war mein Scheidungsanwalt mit meinem Bruder zur Schule gegangen, sodass ich mit ihm mehr als offen reden konnte und ihn mit nichts Unschönem auf unserem gemeinsamen Weg schonen musste.

Und dann mein armer, hin und her geworfener Anwalt, mit dem ich meine geschäftliche Baustelle in Ordnung bringen wollte. Mal so rum. Und dann wieder andersrum. Mein Steuerberater. Eine Insolvenz-Anwältin, die aus Annas Netzwerk kam und die mich aufklären konnte, was mir und meinen Kindern und meinem Hund im härtesten Fall drohte (das waren ebenfalls sehr eindrückliche Gespräche – für mich und für meine Tränenkanäle). Befreundete Anwälte, die ich anhaute, um Zweit- und Drittmeinungen einzuholen. Bis hin zu Finanzbeamten, die ich aufgelöst anrief und die ich ernsthaft um Hilfe bat. Und die mir – weil sie offenbar in meiner Stimme erkannten: Das ist jetzt ernst – tatsächlich auch mit Rat und sogar mit Tat zur Seite standen.

Nun ist es so, dass die Menschen, die in unseren Leben sind, erstens zu sehr unterschiedlichen Reaktionen neigen, wenn wir aufhören, uns selbst zu verleugnen (und du kannst es dir vorstellen: Nicht alle diese Reaktionen sind liebevoll und positiv). Und zweitens sehr unterschiedliche Aufgaben bei unserer Befreiungsaktion haben.

Wer soll und darf bei uns sein, um uns in den dunkelsten, kältesten Zwinger-Momenten zu sehen, uns aufzufangen und Hühnersuppe vorbeizubringen? Wer ist da, um mit uns Lösungsansätze auszubaldowern? Das können Anwälte, aber auch eben gute Freundinnen sein. Wer ist da, um uns beruflich zu unterstützen?

Wen kennen wiederum diese Menschen, der für uns wichtig sein könnte? Wie zum Beispiel die Insolvenzanwältin aus Annas Umfeld – die mir kostenfrei ihre Zeit geschenkt hat, um mich aufzuklären, was eine Insolvenz für mich und meine Kinder bedeuten würde. Bei all diesen Menschen müssen wir eines wissen, wenn sich unser Zwinger in seiner ganzen Hässlichkeit und Undurchlässigkeit zeigt: Sie sind da – warum auch immer das so ist. Sie sind uns offenbar wohlgesinnt (ACHTUNG: Zu den anderen, vergiftenden Menschen kommen wir jetzt gleich). Und sie haben oftmals nicht von selbst schon eine genaue Vorstellung, was sie für uns tun können und wo wir ihre Hilfe brauchen.

Das ist für mich eine ganz wichtige Lektion aus dieser grenzstabilen Zeit: Ich musste Menschen in mein Zwingerleben einweihen, die nicht zu meinem engsten Kreis gehörten. Ich musste mit den Fröschen gemeinsam oft auch meinen Stolz schlucken und habe mir in dieser Zeit sicher Dreiviertel meiner Zacken aus dem Krönchen gebrochen. Ich musste mich auch vor Menschen nackt machen, die ich vorher nicht mal persönlich gekannt hätte. Normalweise war ich es, die man um Rat und Hilfe bat, und nicht diejenige, die darum bittet. In Wahrheit ist dieses Zu-stolz-Sein eine besonders blöde und ungesunde Haltung. Denn wenn wir ganz ehrlich sind: Wie fühlt es sich für uns an, wenn andere uns in schweren Stunden um einen klugen Hinweis oder einen Gefallen bitten? Solange es nicht etwas Absurdes ist wie: Könntest du eventuell meine Steuerschulden zahlen, ist es doch eher ein Ritterschlag, an Bord geholt zu werden, um vielleicht den Kurs zu korrigieren. Oder um ihn zu bestätigen.

Meine Erfahrung ist: Wenn wir unsere Fragen und Bitten erst mal ausgesprochen haben, wird es ganz einfach. Es ist, als würde alleine der Vorgang des Bittens ganz viel lösen. Nicht, weil jeder, den wir fragen, genauso reagiert, wie wir es uns ausgemalt haben, aber weil wir auch hier wieder in die Handlung kommen. Und uns jedes Mal, wenn wir uns innerlich überwinden, ein Stück weiterbringen, zur eigenen Wahrheit. In die Befreiung.

Ich habe es verkackt, und ich spreche das jetzt aus, laut und deutlich. Und es macht mich nicht zu einem schlechten Menschen. Nur zu einem fehlbaren. Und jetzt wirf halt den ersten Stein oder hilf mir. Nein, das schmückt uns nicht. Aber es ist ein wahnsinnig wichtiger Schritt, wenn wir als Frauen, als Menschen wachsen wollen. Und in meinem Fall war das Wachsen in Wahrheit ja schon lange keine Frage des Wollens mehr, sondern des Überlebens.

Mit meinen Kindern habe ich sehr früh – sie hatten noch nicht mal Zähne – das Bitte-Danke-Spiel gespielt. Ich habe ihnen irgendetwas in die zartrosa Händchen gedrückt, was sie gerade toll fanden, und laut Bitte gesagt. Dann habe ich meine Hand aufgemacht, sie haben mir den inzwischen voll eingespeichelten Gegenstand zurückgegeben. Und ich habe laut Danke gesagt. Immer wieder. Irgendwann konnten sie das dann: Bitte und Danke. Das haben meine Kinder nicht mehr verlernt.

Und ich auch nicht.

Aber so viele andere schon.

Dabei ist es für unsere Seelen ein ganz großes Geschenk, uns zu bedanken. Und zwar genau bei all denen, die wir um etwas gebeten haben – und bei all denen, die wir gar nicht bitten mussten. Es fühlt sich schön an, eine Karte oder einen Brief mit der Hand zu schreiben, jemanden in den Arm zu nehmen, ihm in die Augen zu sehen und dem Menschen, der da war, zu danken. Sich die Zeit zu nehmen, zu formulieren, wie wichtig jemand war. Sich die Mühe zu machen, genau zu benennen, was so wertvoll war. Vielleicht auch mal persönlich zu jemandem zu fahren, den wir in unseren schwärzesten Stunden bitten mussten. Sie oder ihn zu überraschen. Es nicht bei dem kurzen Danke zu belassen, sondern das Danke groß werden zu lassen. Das ist extrem beglückend. Für uns selbst, weil wir demütig werden und unsere Wege in die richtige Relation setzen: Ohne dich hätte ich es nicht geschafft. Und für unsere Helfer und Beisteher, weil sie Wertschätzung erfahren – und zwar ganz besondere, persönliche, tiefgehende.

Wir halten fest: Wir nehmen die für uns wichtigen Menschen in unserem Umfeld wahr. Und wir fragen sie vorsichtig, ob sie uns helfen können, und holen sie so näher ran an uns.

Denn alleine sind wir manchmal echt aufgeschmissen. Wie eine schön-schlimme, frühe Geschichte von Elisabeth Gilbert zeigt – der Autorin von »Eat Pray Love«, die eine gewisse Kompetenz in Sachen Zwinger und Befreiung hat.

Liz Gilbert hat mal, in einem früheren Artikel, von einer verlorenen Liebe geschrieben und von dieser Phase, direkt danach, als sie außer sich war vor Schmerz. Sie fühlte sich selbst so sehr als Zumutung und hatte gleichzeitig das Gefühl, sich niemandem mehr anvertrauen zu wollen, weil sie einfach sicher war, dass nichts und niemand mehr ihr helfen konnte. Sie entschied, auf eine einsame Insel zu fliehen. Sie weihte niemanden ein, wohin sie flog, sie nahm kein Handy mit, sie wollte nichts als das einsamste Wesen der Welt sein und keine Kontakte mehr zu irgendjemandem haben.

Sie mietete sich also ein Haus, irgendwo in Malaysia am Strand, nichts war in der Nähe. Sie ging jeden Tag spazieren, sprang in die Wellen, sie schlief viele, viele Stunden, sie versuchte zu essen, versuchte zu weinen, versuchte sich selbst zu fühlen. Sie war leer, sie spürte nichts, nichts wurde besser in den ersten Tagen. Und dann, urplötzlich, bekam Liz Fieber (auch das übrigens eine durchaus normale Reaktion unserer geschundenen Körper). Sie wurde richtig krank, allein in ihrer Hütte. Sie konnte sich kaum bewegen, ihre Gliedmaßen taten weh, sie wurde minütlich schwächer, das Fieber stieg immer weiter an. Und Liz bekam Panik – schließlich war sie ganz allein, schwer krank, menschenfrei und kontaktlos im absoluten, selbst gewählten Nichts.

Bei ihren Spaziergängen hatte sie aber in den Tagen zuvor immer wieder eine einheimische Insulanerin am Strand gesehen, die offenbar auch Liz in all ihrer Trauer wahrgenommen hatte. Irgendwann, im Höhepunkt von Liz' Fieber und Angst und Schwäche, klopfte es an Liz' Hüttentür. Die Insulanerin kam rein, bevor Liz antworten konnte. Die Frau hatte gesehen, in welch einem schlechten Zustand die Fremde war. Und als sie sie ein paar Tage nicht gesehen hatte, beschloss sie wohl, nachzusehen, ob es der traurigen Frau aus der anderen Welt gut gehe. Sie stand also in der Tür und war da. Die beiden konnten nicht miteinander sprechen, denn keine verstand auch nur ein Wort der anderen, aber das machte gar nichts. Die fürsorgliche Einheimische besorgte eine warme Mahlzeit für die Fiebernde und setzte sich an ihr Bett. Und: Sie war einfach da. Eine gute Seele mit einem verdammt guten Instinkt. Sie gab Liz die Hand, fühlte ihre Stirn, sorgte und kümmerte sich. Elizabeth hatte geglaubt, sie müsse allein klarkommen, allein da durch, durch all ihren Schmerz. Müsse sich abschotten. Doch in ihrer größten Not, in ihrem schlimmsten Fieber, erkannte sie: Sie brauchte jemanden. Sie brauchte Fürsorge. Und wenn es eine nicht englisch sprechende, völlig fremde Insulanerin war, die an ihrem Bett saß, ihr eine kühlende Hand auf die Stirn legte und sie mit Reis mit Huhn fütterte. (Huhn scheint in Krisen doch eine nicht unbedeutende Rolle zu haben – weltweit). Liz hatte nicht gebeten und nicht gefragt und weiß heute, das hätte sie ohne Schwierigkeiten umbringen können, ganz allein irgendwo in Malaysia.

Das ist natürlich eine extreme Geschichte. Aber eben auch eine, die uns lehrt: Auch wenn wir zu einsamen Inseln werden wollen, in den dunkelsten Momenten. Wir sollten das nicht versuchen. Wir sind soziale Tiere.

Und als Liz zurückkam nach New York, hatte sie den Teil sehr tief verinnerlicht. Bitte sei bei mir. Danke!

In meinem Fall liegt im Fragen und dem Bitten und dem Danken ein großer Teil meiner Lösung und meiner Befreiung. Unter anderem bei meiner ehemaligen Freundin Katrin.

Nachdem sie mir zurückgeschrieben hatte, sie würde kurz innerlich überprüfen wollen und müssen, ob sie tatsächlich so weit wäre, schrieb sie mir nach ein paar Tagen wieder und machte einen Vorschlag: Ich kann am Sonntagabend, zum Wein.

Da saß ich und fühlte mich, wie sich wahrscheinlich Menschen fühlen, die ihr erstes Tinder-Date eintüten. Ich war aufgeregt. Und unsicher. Und bestätigte ihre Anfrage mit leicht geröteten Wangen.

Je näher der Sonntagabend für mich rückte, desto röter und wärmer wurden die Wangen und desto größer wurden die Fragen in mir. Was sage ich denn? Und wie? Können wir das jemals aufarbeiten? Lasse ich sie hineinblicken in mein ganzes Chaos? Kann ich mich überhaupt öffnen? Und wenn ja: Kann und will sie mit dieser Öffnung dann überhaupt umgehen? Werden wir genau über die strittigen Punkte nach dem zweiten Glas Wein weiter streiten? Was, wenn wir uns an die Gurgel gehen (gut, ich muss sagen, das war ein unwahrscheinliches Szenario, da wir beide nicht zu Handgreiflichkeiten neigen – aber ich spielte quasi jede Möglichkeit durch)? Ich bin ja nun mal Coach für Wirkung und Kommunikation, und so versuchte ich erst mal, das Ganze professionell anzugehen. Mit einem Gesprächsziel: Frieden – also: außergerichtlicher Vergleich. Aber ich merkte bald, dass alles, was ich versuchte mir vorzuformulieren, sich immer wieder in Luft auflöste. So als wäre mein Hirn in diesem Fall gar nicht in der Lage, irgendetwas durchzuplanen und dann auch griffbereit zu haben. So als wolle es dem ganzen Rest von mir sagen: Relax! Geh einfach in das Gespräch. Lass es laufen. Es wird gut sein. Du hast gewählt, Schätzchen, der Rest wird folgen, rief mir mein Hirn zu. Jedenfalls so in etwa.

Als der Sonntag kam, schlug Katrin ausgerechnet eine Weinbar vor, in der wir in unseren guten und nahen Zeiten viele Stunden gesessen hatten. Das fühlte sich also schon mal nicht nach kalter Auflistung der jeweiligen Vorwürfe an. Ich war vor ihr da und hätte mir sehr gerne einen Schnaps bestellt (nein, habe ich nicht gemacht). Katrin kam rein, wir strahlten uns an, fielen einander in die Arme und fingen beide an zu schluchzen. Ich etwas lauter.

Irgendwann spüren wir ja sehr deutlich, was unserem Wesen gemäß ist und was eben nicht. Und selbst wenn wir weite Teile – vielleicht bis zur Hälfte unserer gigantischen Lebensreise – damit zugebracht haben, unser Wesen verändern und anpassen und kleinkriegen zu wollen, um vielleicht mehr geliebt, und sicher, um mehr gesehen zu werden: Irgendwann jetzt, wenn wir groß sind, also erwachsen, spüren wir, wenn wir unserem Wesen nicht guttun.

Das können wir natürlich trotzdem tun. Aber es ist eben auch ein Teil des inneren Zwingers, den wir damit aufbauen. Das macht uns krank oder dauerhaft traurig und in jedem Fall unfrei. Es ist doch klar – und dazu muss man, wie ich selbst, nicht mal sonderlich spirituell unterwegs sein. Wenn du auf Dauer »ja« zu etwas sagst, obwohl in dir eigentlich alles »nein« schreit, dann bist du eine personifizierte Doppelbotschaft. Was soll der Rest der Welt, was soll das Universum dir denn glauben, wenn du dich selbst dauerhaft belügst und versuchst, zwei entgegengesetzte Wahrheiten in Einklang miteinander zu bringen und dich dabei komplett selbst verleugnest.

Ich habe wirklich lange gebraucht, um mich diesen ganzen universellen Themen mehr als nur spöttisch annähern zu können. Und manchmal, wenn ich da so auf meinem Kissen sitze und atme – und auch manchmal, wenn ich mir vergegenwärtige, wie meine Zwingerwände schließlich in sich zusammenfielen –, dann fühle ich so etwas wie eine besondere Energie. Und ich bin dankbar für die größeren und für die kleineren Zusammenhänge in diesem ganzen wahnsinnigen Gefüge, das unsere Welt zusammenhält.

Dafür musste ich fühlen lernen – und du solltest es auch (ernst-haft, wir sind langsam so weit in die Jahre gekommen, dass das möglich sein sollte) –, was richtig für mich ist. Wir müssen beginnen, unser Potenzial zu erkennen.

Wir müssen damit beginnen, JA zu uns zu sagen. JA zu dem, was unsere Intuition uns zuflüstert, JA zu unserem eigenen Weg, JA zu unserem eigenen Potenzial, JA zu unserer eigenen Wahrheit und JA zu dem, wie wir sie leben wollen.

Unabhängig davon, wen wir damit vor den Kopf stoßen. Unabhängig davon, wie unpassend das in manchen Situationen und mit manchen Menschen erscheint. Wir müssen lernen, nach diesen beiden Koordinaten zu leben: Ist es richtig für mich? Dann bleibe ich dabei (und lasse mich auch nicht durch irgendeinen Konflikt vom Gegenteil überzeugen). Fühle ich mich in meiner Stärke, dann bin ich richtig abgebogen. Und wenn nicht, korrigiere ich meinen Weg. Und zwar bitte, bevor der nächste Zwinger entsteht – denn immun gegen Ketten sind wir nicht, nur weil wir uns gerade aus der einen, dicken befreit haben.

Ich habe versprochen, dass wir uns auch noch den Menschen widmen, die uns nicht wohlgesinnt sind. Oder die uns aus irgendeinem anderen Grund eben nicht guttun auf dem Weg, auf dem wir uns gerade befinden. Und von denen wir uns in dieser Phase kurz- oder langfristig verabschieden müssen.

Bei mir waren das, wenn du dich erinnerst, ja unter anderem große Entscheidungen, die ich diesbezüglich traf und auch treffen musste. Erst mal musste ich schon alleine deshalb, weil ich meinen Lebensrhythmus veränderte, einigen Freundinnen gehörig vor den Kopf stoßen. Denn sie waren es von mir über Jahre gewohnt gewesen, dass meine Tür in der Regel offen war, es immer eine Flasche Wein gab und immer offene Ohren und

Herzen. Seit der Trennung von meinem Mann lebte ich über fünf Jahre alleine mit den Kindern und konnte deshalb zwar abends nicht so einfach ausgehen, aber es konnte eigentlich immer jemand zu mir kommen. Jedenfalls in meinen Hamburg-Wochen. Jetzt aber war die Tür ab 21 Uhr zu – denn ich musste und wollte unbedingt in mein Bett. Und: Meine Ohren und mein Herz waren in gewisser Weise auch zu, denn ich musste erst mal selbst heilen, bevor ich mich wieder mit den Desastern und manchmal auch Zwingern meiner Lieblingsfrauen beschäftigen konnte.

Das war für mich ebenfalls eine große und gute Erkenntnis: Auch wenn ich früher nie besonders gut darin war, Dinge mit mir alleine zu lösen.

Es gibt Situationen, da fühlt es sich für mich besser an, meine eigene Richtung erst ein bisschen zu leben, bevor ich sie mit den wunderbaren Menschen um mich herum teile. So oft ich früher erst mal alles bereden musste, so lerne ich jetzt, dass ich Phasen brauche, in denen ich mich freimache von den Gedankenströmen und Meinungen der anderen und in meinem eigenen Strom vorwärtstreibe. Und das liegt nicht daran, dass meine Freundinnen weniger weise oder weniger mitfühlend geworden wären. Ganz im Gegenteil. Es liegt einfach daran, dass mir das Folgende sehr bewusst geworden ist: Es ist alles in uns. Jede Lösung, jede richtige Entscheidung (und ja, die falschen Entscheidungen auch). Wir haben ein tiefes Gefühl, unsere Intuition, die vielleicht nicht immer präzise für uns greifbar erscheint. Die wir uns manchmal konkreter wünschen, manchmal andersrum, die wir manchmal anprangern und die wir (also zumindest ich) über Jahre viel zu oft und viel zu rigide verdrängt und nicht auf sie gehört haben.

Die Kunst besteht darin, für uns zu erfühlen, wann wir Austausch brauchen, wie meinen Weckruf in Köln bei Anna. Und wann wir in uns kehren und in uns nach Lösungen und Wegen fahnden müssen. Es ist dieser Wechsel, den wir lernen müssen. Das Zulassen des Außen und die Wahrnehmung des Innen.

Dazu gehört also zum einen: unser Netzwerk zu aktivieren. Aber auch: Teile unseres Netzwerks (und manchmal kurz auch das ganze Netzwerk) zu deaktivieren.

Eigentlich (!) fühlen wir ja doch sehr genau, wer uns in unserem Umfeld guttut. Wessen Begleitung wir gerade oder insgesamt schätzen und vielleicht auch brauchen. Und wer sich für uns, für unser Befinden – aus welchen Gründen auch immer – hinderlich anfühlt.

Insgesamt habe ich auf meiner Reise aus dem inneren Käfig in die Freiheit gelernt, viel mehr bei mir zu bleiben. Meine inneren Grenzen wahrzunehmen und sie nach außen zu verteidigen. Schwer für Menschen, die mich bislang eher als den Harmonie-Hasen erlebt haben, der der Harmonie wegen eben auch ständig über seine eigenen Grenzen geht. Schwer für manche Freundinnen, die sich an meinen temporären Rückzug erst mal gewöhnen mussten. Schwer für Menschen, denen ich auf einmal ein Stoppschild unter die Nase hielt. Und besonders schwer für den Mann, von dem ich mich verabschiedete.

Ich hatte dir ja schon recht früh, am Anfang unserer gemeinsamen Reise, berichtet, wie es sich mit meiner Beziehung verhielt. Ich hatte mich ja von dem Mann verabschiedet, mit dem ich circa ein Jahr zusammen gewesen war und dessen Tempo so gegensätzlich zu meinem war, dass wir uns mehr und mehr aneinander vorbei bewegten. Er schleichend, ich im Hetzschritt.

Vieles, was uns hinderte, lag in meiner inneren Zerrissenheit, in meinen Ängsten begründet. Sitzt man einmal im Zwinger, ist es schwer, Nähe zuzulassen. Denn die Scham über meine Situation und das Peinlich-berührt-Sein begleiteten mich in dieser

Zeit wie unliebsame Stalker. Wenn die Befreiung aus dem Zwinger sich anfühlt wie das Erklimmen des Himalayas, dann bist du nicht mitteilsam, sondern ringst um Atem. Und hältst ansonsten die Klappe. Auch das ist für einen Menschen, der versucht, an deiner Seite zu sein, eine schwierige Prüfung – denn er ist schlicht und ergreifend erst mal ausgeschlossen – von der inneren und auch von der äußeren Reise.

Es gibt selbstverständlich diese Beziehungen, die genau in solchen schlimmen Zeiten ganz besonders gut funktionieren, Partner, die geradezu aufblühen, wenn die Liebste strauchelt, die sich gebraucht fühlen und aktiv ins Geschehen eingreifen wollen, die lindern und heilen wollen. Das ist toll, wenn es funktioniert, weil dem Krisen-Wesen wenigstens eine einzige Säule erhalten bleibt. Ich kenne sie auch, solche Konstellationen. Und das sind zumeist die gewachsenen Beziehungen, wo ein Leben ohne den anderen ohnehin kaum noch vorstellbar ist.

Das war bei meiner Beziehung aber schlicht nicht der Fall. Ich konnte die Ratschäge und Nähe dieses Mannes überhaupt nicht aushalten. Ich konnte seine Ansprüche nicht aushalten. Ich wollte und musste selbst aktiv werden. Und vor allem erst mal klar werden.

Wenn ich mir hätte jemanden aussuchen können, der mich durch diese Zeit begleiten würde, dann wäre es jemand gewesen, der aus innerer Stärke heraus handelt. Jemand, der mich hätte machen lassen. Ein Wesen, das mir zugestanden hätte, dass ich mich jetzt eben eine Teilstrecke des Weges vor allem um mich selbst kümmern muss. Das war er einfach nicht. Dieser Mann, so herrlich er war und so schön viele Momente mit ihm waren, hatte sich so sehr auf mich konzentriert, dass jedes Abrücken meinerseits zum Affront wurde. Er konnte nicht damit umgehen, weil es ihn in seiner Liebe offenbar zu sehr bedrohte, mich ein wenig los- und alleine heil werden zu lassen.

Und das ist es eben: Wir lernen, wen wir aushalten können, neben uns, in unserem Leben. Wir lernen, wer uns guttut – mehrheitlich. Wir fühlen, wen wir brauchen, ganz besonders in diesen schlimmen Momenten. Und wir spüren, wen wir gerade überhaupt nicht brauchen können, weil er den Druck auf uns erhöht, wo jeder zusätzliche Druck in einem Wimpernschlag zum Zerspringen führen kann.

Wer fördert deine Befreiung? Wer bremst? Wer ist klar und fördert somit deine Klarheit? Und wer steckt selbst im Käfig und hat vielleicht sogar ein Problem damit, dass du dich nun befreist?

Und so verabschiedete ich mich von diesem Mann in der Gewissenheit, damit genau das Richtige zu tun. Und diese Gewissheit hielt in dieser Klarheit monatelang an. Monate, in denen ich ihn nicht zurücksehnte. Monate, in denen ich auch nicht mit irgendjemandem sonst flirtete. Sondern die ich schlicht und ergreifend für mich brauchte. Um mich selbst auf den Weg zu bringen.

12

Zielen:
Create your new you.

Die Unklarheit ist weg. Der Käfig ist weg. Jetzt ist da ganz viel Raum. Wie gestalten wir unsere neue Freiheit?

Das ist einer der schönsten und wesentlichsten Momente, die dabei helfen, sein Leben im Zwinger zu beenden: Sich darüber klar zu werden, wo wir landen, wenn der ganze Mist vorbei ist. Ich weiß, das ist schwierig, denn wer weiß schon ganz genau, wo er hinwill. Ich wusste es, und dann wusste ich es wieder nicht. Es geht nicht darum, ein fixes Ziel zu formulieren, das unbeweglich am Lebenshorizont prangt. Es geht erst mal um die grobe Ahnung, wie unser Leben jetzt aussehen soll, wie wir jetzt sein wollen. Ich hatte eine grobe Ahnung – und die habe ich aufgeschrieben, als Anna mich danach fragte. Und so machst du es auch.

Unsere Befreiung: Zwinger ist weg. Jetzt ist da ganz viel Raum. Wer wollen wir sein? Wie wählen wir uns selbst?

Erkannt ist schon so vieles. Erkannt ist, wie wir uns hineingezwungen haben in unseren Käfig. Erkannt ist, wie wir uns nach und nach daraus wieder lösen und befreien können. Erkannt ist, welche Werkzeuge uns helfen, die Kette zu lösen und die Zwingerwände einzureißen. Erkannt ist, wie wir unsere Lösungen suchen und finden, wie wir sie überprüfen, was wir mit unseren Kräften und mit unserem Biorhythmus anstellen, was Frösche in dieser Zeit und sowieso für uns tun können und wie sie uns helfen, unsere Willenskraft zu trainieren und aufzubauen. Erkannt ist, wen wir dabei brauchen und wen eben nicht.

Nach all diesen Erkenntnissen stieg ich also aus meinem Zwinger aus, mit wachsweichen Beinen.

An diesem Abend in der Weinbar habe ich mich mit Katrin geeinigt. Wir lagen uns einen Moment in den Armen und waren beide gerührt. Ob der vergangenen Jahre. Der vergangenen Chancen. Der Tatsache, dass wir einander echt vermisst hatten. Und das fällt einem ja verrückterweise oftmals erst in dem Moment so richtig auf, in dem der andere wieder da ist. Wir aßen, was wir dort immer gegessen hatten: Parmesankäse und Brot und Olivenöl und Bresaola. Wir tranken Wein und lachten und erzählten so viel und so lebhaft, dass wir gar nicht merkten, wie sich die Terrasse der italienischen Weinbar leerte und wir irgendwann allein dort saßen in dieser warmen Frühsommernacht. Katrin nahm irgendwann meine Hand und sah mich an und nahm vorweg, was ich genau so ebenfalls gesagt hätte, nur weinbedingt circa 2 Minuten später: Wie können wir uns einigen? Und dann war alles ganz einfach.

Lass uns die Szene kurz einfrieren und uns ihrer ganzen Wahrheit widmen. Da sitzen zwei Frauen, die sich einst nah waren, die Großes miteinander vorhatten, die gemeinsam scheiterten und sich über die Folgen zerstritten, die beide Anwälte beschäftigten, um sich in diesem Konflikt zu positionieren, um gegeneinander zu gewinnen, Recht zu bekommen. Die sitzen da und halten einander an den Händen und schließen Frieden. Was war passiert?

Passiert ist das, was passiert, wenn wir uns selbst wählen und uns selbst gestalten. Passiert ist, was gar nicht anders kann, wenn wir aus unserem Inneren heraus eine Entscheidung treffen und wenn wir auf diese *aktive* Entscheidung losmarschieren, als gäbe es kein Morgen mehr. Was meine ich mit aktiver

Entscheidung? Wenn wir aus Angst, nicht geliebt zu werden, die erste aktive Entscheidung den anderen überlassen, werden wir immer die sein, die folgten. Dann können wir innerlich und äußerlich aufbegehren und schimpfen wie die Rohrspatzen über das, was uns da gerade passiert. Aber in Wahrheit passiert es eben nur, weil wir nicht den Mut oder den Willen hatten, in aller Klarheit selbst diese aktive Entscheidung zu treffen. Alle Entscheidungen, die danach kommen, sind dann reaktiv; Reaktionen auf das, was andere für uns entschieden haben. Unsere Leben werden zu dem, was resultiert, wenn wir nicht die sind, die den Weg einleiten.

Meine größte Fehlentscheidung war also die, immer nur auf etwas zu reagieren. Zu warten, was die anderen vorhaben, und mich in die Pläne fügen, einpassen, manchmal auch leise dagegen zu rebellieren. Aber letztlich doch mitzugehen. So konnte ich mir selbst weismachen, dass alle anderen für meine schwierige Situation, für mein Schwanken und Wanken verantwortlich sind. Was für ein Bullshit-Bingo. So können wir uns selbst immer in der Opferrolle sehen und sind doch eigentlich Täter, weil wir uns eben selbst für diese Rolle entschieden haben.

Ein Zustand, der sich genau mit diesem, meinem beschriebenen Prozess änderte. Und das kenne ich von vielen anderen, tollen Frauen in dieser Lebensphase auch. Einmal heftigst wachgeküsst vom Schicksal und den eigenen Nichtentscheidungen, einmal im Zwinger gesessen, ausgestellt am kurzen Kettchen, übernehmen wir auf einmal das Steuer und lernen, bei uns zu bleiben.

In der Neuropsychologie unterscheidet man zwischen der Erstreaktion und der Zweitreaktion eines Menschen. Die Erstreaktion wird dabei als das beschrieben, was durch einen Impuls direkt und quasi ungefiltert aus uns herauskommt. Die

Erstreaktion wird bestimmt vom vorherrschenden Persönlichkeitsstil. Wir kennen das von Menschen, die zum Beispiel dazu neigen, cholerisch zu reagieren. Die brüllen los, die hauen raus, was auch immer gerade quer sitzt, mit einer schier grenzenlosen Gnadenlosigkeit geben sie ihren Impulsen nach. Jemand sagt etwas in ihren Augen und Ohren Falsches: Dann kriegt er voll einen übergebraten. Das ist das extreme Beispiel von Erstreaktionen. Die Zweitreaktion ist hingegen die Regulierung der Erstreaktion. Wenn also unser Choleriker aus dem Beispiel sich mit seinem Muster auseinandergesetzt und eventuell auch noch eine Therapie gemacht hätte, dann könnte er das erlernen, was zum Beispiel bei mir sehr stark ausgeprägt ist: die Affektregulation. Also die innere Möglichkeit, den ersten Impuls abzumildern, bevor er rauskommt.

Und was hat das mit dir und mir zu tun? Ganz schön viel! Es ist nämlich so: Wichtig ist für uns, dass wir unseren ersten Impulsen überhaupt trauen, sie fühlen und wahrnehmen. Dazu müssen wir nicht zum Choleriker werden. Wir müssen nicht alles raushauen. Es uns bitte aber auch nicht mehr verbieten.

Schönes Beispiel aus meiner verkorksten Beziehung: Mein Liebster prangert schon wieder an, dass ich zu wenig Zeit für ihn habe. Er ist null verständnisvoll dafür, dass ich gerade schlicht nicht weiß, woher ich das zweite Gehirn kriegen soll, mit dem ich die weiteren sich mir in den Weg stellenden Aufgaben lösen könnte. Sondern er mault an mir herum, weil ich nicht hübsch gemacht zu seinen Füßen liege und meine fein manikürten Finger durch die üppige Behaarung seiner Unterschenkel kreisen lasse.

Meine Erstreaktion: Ich fühle mich ungerecht behandelt und bin traurig und wütend und würde ihm am liebsten meine unmanikürten Fingernägel in die ebenfalls üppige Rückenbehaarung krallen und ein hübsches Streifenmuster hinterlassen. Da ich nicht zu Gewalttaten neige, wäre es für mich schon ein Meilenstein, wenn ich gemäßigt rauslassen könnte, was ich in diesem Moment fühle. Ich könnte ihm dann sagen: Ich empfinde das als verletzend, dass du überhaupt nicht auf mich guckst, sondern nur dein eigenes Bedürfnis siehst und einklagst. Ich könnte sagen: Ich bin gerade so mit dem Köpfchen unter Wasser und weiß nicht, wo oben und unten ist – bitte hab ein bisschen Verständnis und unterstütze mich. Kraulen kommt ganz sicher danach.

Das wäre toll gewesen, wünschenswert, ein bisschen sülzig und psychogequatscht, aber: hilfreich. So frei und trotzdem respektvoll sagen zu können, was da gerade in mir ist – das war lange Zeit meines Lebens eben nur eine schöne Vorstellung, mir selbst aber schlicht nicht möglich. Solche Reaktionen wohnen mir leider naturgemäß einfach nicht inne. Ich verstumme erst mal. Ich bin traurig. Ich bin beleidigt. Eine totale Leberwurst. Je frischer die Beziehung, desto mehr neige ich dazu, mich anzupassen, um noch ein bisschen mehr geliebt zu werden, und übertünche das Leberwurstgesicht mit einem etwas zu schiefen Lachen und versuche dem Ego-Wunsch meines haarigen Liebsten gerecht zu werden (und mir noch schnell die Fingernägel zu lackieren). Wenn die Beziehung schon etwas fortgeschritten ist und wir ähnliche Situationen bereits mehrfach miteinander durchexerziert haben, mache ich schlicht zu. Ich verstumme, lasse alle einbruchsicheren Jalousien herunter und emigriere innerlich an einen gerechteren Ort. Was zugegeben für das Gegenüber genauso unschön ist wie für mich selbst. Und so unschlau. Aber so lief mein Muster ab, vor der Neuerfindung, der Selbstgestaltung. Was heißt das, wenn wir zurück zur Neuropsychologie gehen?

Das heißt, ich kann das zu gut, was der Choleriker zu wenig kann: nämlich meine eigenen Erstreaktionen runterregulieren.

Meine Affekte beherrschen. Das kommt mir total gelegen, wenn es um berufliche Situationen geht, und in den allermeisten Fällen auch, wenn es um meine Kinder geht.

Im Job kann ich mich schnell wieder motivieren, wenn mir etwas Doofes dazwischenkommt. Ich kann ausgesprochen diplomatisch mit Nervensägen umgehen und ich kann auch unter Vollstress noch zum totalen Motivationscheerleader werden. Easy. Da ist es toll, nicht immer dem ersten Emotionseinschuss folgen zu müssen. Aber insgesamt sollten wir bei aller Unterscheidung zwischen Erst- und Zweitreaktion wissen, dass es gesund ist, beide zu haben und miteinander kombinieren zu können.

Wir sollten lernen, unsere einschießenden Emotionen wahrzunehmen und zu ihnen zu stehen.

Emotionseinschuss ist eine lustige Wortschöpfung, weil es mich so an den Milcheinschuss nach der Geburt erinnert. Emotionseinschuss und Milcheinschuss – beides, je nach Stärke, schwer kontrollierbar. Und beides manchmal auch einfach voll unangenehm. Meine unangenehmste Geschichte zu Milcheinschuss?

Ich saß im News-Studio von RTL, mein Baby, Oskar, war höchstens 4 Monate alt. Ich hatte direkt vor der Sendung noch – sehr demütigend auf einem fiesen 1980er-Klo des alten Sendehauses – Milch abgepumpt, mit so einer quietschenden Hand-Milchpumpe, die immer verrutschte. Es war eh schon eine Sauerei, aber es ging ja nicht anders: Erstens hätten meine Brüste keine weitere Stunde diese Hochspannung mitgemacht und zweitens wollte ich Super-Mami sein und schickte dem mitgereisten Vater die Fläschchen dann per Fahrrad-Kurier, denn Oskar sollte ja bestens gestillt durch die ersten Monate kommen. Fläschchen losgeschickt, ab in die Live-Sendung. Doch da kamen dann in unserem Newsblock ein paar kurze, aber eindrucksvolle Bilder von gerade geretteten großäugigen, unschuldigen Hundewelpen (RTL halt). Das war zu viel für den Hormonhaufen, der ich in dieser Zeit war. Mein rein auf Mutterdasein ausgerichteter Körper schoss eine Extra-Riesenportion Muttermilch durch die Milchdrüsen in meinen eh schon ungewohnt üppigen Busen. Es wurde sehr warm in der Moderationsbluse. Ich schaute ängstlich an mir herunter (in der LIVE-SENDUNG) und sah zwei handtellergroße, nasse Milchflecken, durchgesuppt von der Moderationsbluse in den teuren Moderationsblazer.

Ich habe die kompletten Nachrichten dann mit verschränkten Armen und hochrotem Kopf zu Ende moderiert. Und mich danach entschieden, mir so unappetitliche wie saugstarke Stilleinlagen in den Moderations-BH zu kleben.

Mit den Stilleinlagen für die Emotionseinschüsse kannte ich mich schon damals deutlich besser aus. Das waren die sehr großen, für andere unsichtbaren, aber für mich sehr gut fühlbaren Pflaster, die ich mir über den Mund klebte, um nicht aussprechen zu müssen, was in mir genau gerade abging. Mich von diesen Pflastern zu befreien, mich selbst aussprechen zu können, das ist einer der wesentlichen Schritte, eine langfristig gesündere Frau zu werden. Eine, die eben zu sich selbst steht. Die sich nicht bemühen muss, geliebt zu werden, indem sie Teile, Erstreaktionen, Impulse von sich verschiebt und verleumdet. Ein innerer Befreiungsakt – der im Außen erst einmal ordentlich für Aufruhr sorgt. Klaro.

Bei meiner Freundin Josephine war das ganz ähnlich. Diese vielfältige, überschlaue Frau, deren Leben voller Herausforderungen und deren größtes Hindernis doch immer und allen voran sie selbst war. Auch Josephine lief so lange mit Pflastern mitten im Gesicht herum, bis ihr Inneres geradezu implodierte vor Angestautem und Unausgesprochenem. Wenn Angst uns anspringt, haben wir ihre kleinen Schwestern Furcht und Sorge vorher wohl zu lange ignoriert. Wenn die Angst dann zu unkontrollierbaren Panikattacken wird, haben wir sehr lange wohl auch unsere Ängste zu verkneifen und zu überdecken versucht. So war es in jedem Fall bei meiner Freundin, bevor sie in ihre Wandlung sprang wie in ein nussschalenkleines Rettungsbötchen.

Josephine hatte über lange Zeit ihre eigenen Belastbarkeitsgrenzen genauso verleumdet wie ihre Bedürfnisse. Sie hatte irgendwie immer gehofft, ihr Mann, ihre Kinder, ihre Mutter, ihre Mitarbeiter und ihre historischen Mitstreiter würden ihre Grenzen erahnen und quasi vorausschauend daran entlangschleichen, statt sie ständig zu überlatschen. Ein großer seifenblasiger Traum von vielen von uns. Vor allem, so scheint es mir, von uns Frauen. Nicht eigene Grenzen aktiv ziehen und nach außen und innen verteidigen, sondern hoffen, dass sie jemand proaktiv lesen möge. Aber, und das ist so wesentlich, dass ich es gerne aus diesem Buch herausrufen möchte: Dann wählte sie, wer sie selbst sein wollte. Und genau das habe ich ihr ein paar Jahre und ein paar unschöne Erfahrungen später nachgemacht.

Josephine sieht auch heute noch ab und an ihren Therapeuten, der ihr half, ihre Panikattacken zu beherrschen. Und zum Atmen bei ihrer Atemtherapeutin geht sie auch noch – viel seltener, aber regelmäßig. Josephine hat sich einen Hund gekauft. Und danach auch noch ein Pferd. Sie sagt, sie spürt sich mehr, wenn sie draußen ist, wenn sie Wind im Gesicht hat und manchmal auch ein bisschen Schlamm. Sie schreibt gerade das erste Mal nicht an einer wissenschaftlichen Abhandlung, sondern an dem Script zu einer historischen Netflix-Serie. Sie hat ihre Beziehung gedreht. Sie achtet auf sich selbst und setzt Grenzen, ohne ihren Mann und vor allem ohne ihre Kinder aus den Augen zu verlieren. Ihr Liebster musste sich sehr daran gewöhnen. Was für eine Umstellung ja auch. Jahrelang lebte er mit einem Wesen zusammen, das sich selbst verleugnete, um mehr zu gefallen. Das sich hinten anstellte und fröhlich »Family First!« rief, wenn sie fix und fertig einfach nur auf sich selbst hätte achten dürfen, um gesund zu bleiben. Und nun hatte er auf einmal diese ausgesprochen selbstachtsame, tief atmende, voll erstarkte Frau neben sich. Damit muss man erst mal klarkommen. Josephine jedenfalls liebt ihren Mann und ihre Kinder jetzt vielleicht sogar noch ein bisschen mehr als vorher, weil sie sich selbst inzwischen mehr spürt und näher dran ist an ihren Gefühlen.

Ihre Panikattacken spürt sie manchmal, auf ganz leisen Sohlen, um ihre Seele herumschleichen. Das passiert, wenn sie kurz davor ist, wieder in alte Muster zu verfallen und sich selbst wieder hinten anstellt.

Wir müssen – wie ein Ex-Junkie – aufpassen, dass wir nicht rückfällig werden.

Wenn Josephine also eine ihrer Panik-Attacken noch leise um sich herumtigern fühlt, versteift sie sich nicht mehr ehrfürchtig, sondern atmet ein und atmet aus. Sie zieht sich raus aus den stressenden Situationen, sie meditiert, macht Yoga, manchmal geht sie auch einfach einen Wein mit mir trinken, und wir tanzen angetrunken durch die Straßen. In jedem Fall hat sie ihre Instrumente bei sich. Und so schleichen die Panikattacken dann auch weiter, unverrichteter Dinge, frustriert und nicht sicher, ob sich der ganze Aufwand bei Josephine überhaupt noch lohnt.

Um Josephines Wandlung final zu beschreiben, lesen wir ihren Kraft-Satz, den sie sich nach ihrem Wachwerden in die Haut ihres Oberarmes stechen ließ – ganz zart und sehr schön (und natürlich auf Latein und voll intellektuell, aus dem ersten Seneca-Brief):

Vindica te tibi – befreie dich für dich selbst.

Befreie dich. Für dich selbst.

Eine bessere, tiefere und so eindeutige Formel für den eigenen Weg gibt es nicht, glaube ich.

Ich überlege immer noch, welches mein Kraft-Satz werden könnte und ob ich ihn mir auch irgendwo hin tätowieren lassen sollte – denn bei Josephine ist das so ein starker Ausdruck ihres Weges. Außerdem hat sie durch ihr ganzes Yoga die weltschönsten Oberarme, und so sieht es auch noch unverschämt gut aus.

Aber: Ich habe solche Oberarme nicht. Und zudem leider meine eigene, nicht ganz so glückliche Geschichte mit Tattoos.

Als ich meinen Ex-Mann kennenlernte, waren wir beide schockverliebt. Es war alles sehr kompliziert, denn er war noch nicht richtig frei, und ich war aufstrebende Fernsehmoderatorin bei RTL, und wir lebten in unterschiedlichen Städten. Alles schien objektiv kaum möglich. Und dennoch hätte die Kraft unserer Liebe uns wohl überallhin getragen. Ich kündigte meinen festen Job (nein, sag jetzt nichts!) und ging zurück in meine alte Heimat, in der er lebte, und schwebend suchten wir zusammen unsere erste Wohnung. An einem Vorweihnachtsabend trafen wir uns mit glühenden Wangen und eisigen Händen auf einem Weihnachtsmarkt und tranken Glühwein (ich mag eigentlich überhaupt gar keinen Glühwein, aber in der Zeit war alles anders – ich glaube, ich hätte mit ihm zusammen auch gläserweise heißen Hustensaft getrunken). Es wurden doch einige getrunkene Glühweine, und irgendwann, angeschossen, sprach irgendwer davon, dass wir uns ja tätowieren lassen könnten. Und weil in dieser Zeit eben alles möglich schien, kauften wir uns zwei Dosen Bier an einem Kiosk (Bier mag ich eigentlich ungefähr genauso gerne wie Glühwein), und landeten kurz darauf in einem wenig vertrauenserweckenden Tattoo-Studio. Ein ebenfalls offensichtlich angetrunkener, harscher Däne saß da – es war mitten in der Woche und sicher schon 23:00 Uhr – und sah uns mit den müden Augen eines Wissenden an (herrlich, schon wieder zwei hormongeflutete Idioten, die sich gleich die Namen des anderen stechen lassen wollen – die Irren). Bei meinem Herzensmann ging alles ganz schnell – Schrift ausgesucht (auch noch eine riesige, dicke, tiefdunkle Schrift), Arm frei, einen Schluck Dosenbier, Zähne zusammen, und schon prangte auf dem Oberarm ein dickes PETRA.

Und dann kam ich. Ich fürchte, ich hätte mich in dieser Situation mit dem harschen Dänen und meinem liebenden Ich auch auf ein Gesichtstattoo geeinigt. Und ich wollte jetzt auch nicht die Schrift verkleinern, die der Herzensmann ausgesucht hatte, denn mir wäre das dann eben auch wie ein verkleinertes Ewigkeitsversprechen vorgekommen, und das hätte für mich im Hormonrausch gar nicht funktionieren können. Und so ließ ich mir willig vom Dänen das Schulterblatt als Körperort für einen sehr großen Namen aussuchen (und dachte leider nicht daran, dass damit jegliche rückenfreie Abendkleider – die ich als Fernsehmoderatorin ja durchaus häufiger tragen musste – Geschichte waren). Ich leerte Dreiviertel der Bierdose in einem Schluck, und der Däne tat, wofür er angetreten war: Er stach mir einen dicken, dunkelst blauen Namen in die Haut. Ich sah aus wie ein gestempeltes Vieh, als der Däne mit mir fertig war. Aber alles war aufregend und fühlte sich so folgerichtig an.

Am nächsten Morgen wachte ich mit zwei sehr schmerzenden Körperstellen auf. Meinem hämmernden Schädel und meinem pochenden Schulterblatt. Und sah in die verquollenen und doch strahlenden Augen meines ebenfalls gestempelten Mannes. Und alles war richtig. Für den Moment.

Dazu möchte ich anmerken, dass das Entfernen von so dicken Tattoos – und der Däne hatte offenbar eine Art Autolack der Tätowierfarbe beigemischt – ein gruseliger, aber alles in allem sehr reinigender Prozess ist. Ein Prozess, den ich nach der ebenfalls sehr gruseligen Trennung sofort in Gang setzte. Es hat in meinem Fall fast 2 Jahre gedauert, ich habe viel Blut verloren, noch mehr Geld. Aber: Ich habe es als Häutung empfunden, als krustiges Zeichen meines inneren Prozesses. An jedem Lasertermin lag ich mit Tränen in den Augen vor meiner leicht arroganten Dermatologin (die mich immer mit einem fast unmerklichen Kopfschütteln begrüßte). Und verabschiedete mich. Von Hautschichten. Und von meiner Liebe. Mehr und mehr.

Ich werde also mit dieser tief in mir abgespeicherten Erfahrung durchaus noch mehrfach darüber nachdenken, ob und wenn ja welchen Kraft-Satz ich mir wohin tätowieren lasse. Aber wenn, dann muss er so tief und schlau sein wie: Vindica te tibi – befreie dich für dich selbst.

Auch meine Befreiungsfreundin Anna hätte sich das unübertrieben und völlig zu Recht sonst wohin tätowieren dürfen. Befreie dich für dich selbst – oder zu dir selbst hin, je nach Übersetzer. Wie wahr, auch für Anna.

Sie hat sich selbst ebenfalls neu erfunden, ohne den liebenswerten und gesunden alten Teil dafür über Bord schmeißen zu müssen. Sie hat das tiefste Tief genutzt, die Krise mitten in ihrem Leben, um sich als Frau so neu zu denken, dass sie eben auch anderen Frauen helfen kann, das Gleiche zu tun. Nicht nur mir. Sondern auch denen, die zu ihr kommen und sich von ihr coachen lassen. Ich bin ganz sicher: Wir spüren, wenn wir uns einen Therapeuten, Coach, Berater von außen in unsere Lebenskrise oder Hürdentournee suchen, ob der Mensch gegenüber sich sein Wissen irgendwo angelesen hat und dann weitergibt, oder ob wir es mit einem Menschen zu tun haben, der neben allem Fachwissen und aller Ausbildung auch noch ganz genau weiß, was es heißt, so richtig in der Scheiße zu sitzen (wie Anna es so schön auf den Punkt brachte). Der selber schon mal Teile seines Lebens verkackt hat, der selber in der Lage gewesen war, sich daraus zu befreien, und der dazu steht – und nicht so tut, als ob Probleme seinen Patienten oder Klienten vorbehalten sind.

Bei Anna ist das so. Sie hatte ihren eigenen Zusammenbruch, ihre eigenen Wahnsinnstage und Nächte und Wochen und Monate, und die hängen tief in ihrem System. Wenn ein neuer Klient zu ihr kommt, spürt er, dass da eine Frau sitzt, die weiß und fühlt, wovon sie redet. Und das macht Anna noch viel wertvoller in dem, was sie und ich machen: nämlich Menschen begleiten. Aber nur, weil Anna all diese Erfahrungen hat, heißt das andersrum natürlich nicht, dass sie nicht, ganz genau wie meine *Sista* Josephine, extrem auf sich aufpassen muss. Sie muss sich jeden Tag wieder selbst daran erinnern, gesund zu bleiben. Anna und Josephine haben geschafft, was sie wahrscheinlich selbst nie für möglich gehalten hätten. Sie haben sich neu geschaffen. Sie haben sich von den hindernden, von den sich selbst verletzenden, selbst überfordernden, selbst verleumdenden Teilen ihres (Frau-) Seins verabschiedet. Sie haben sie durch neue Gewohnheiten und Muster ersetzt. Sie haben ihren Willen aufgebaut und setzen um. Sie sind eine neue, eine bessere Version ihrer selbst geworden, und Zwingerwände riechen sie 5 Meilen gegen den Wind. Es ist nicht alles Gold, nicht alles easy, es ist kein Prozess, der mit der Entscheidung für sich selbst endet.

Wie ist es bei mir weitergegangen, was lässt mich strahlen?

Katrin ist an meiner Seite – und zwar mehr als vor unserem Riss. Wie das möglich ist? Durch beidseitiges, tiefes Verzeihen, schätze ich. Durch den unbedingten Willen, den Glauben daran, dass wir gemeinsam noch mal durchstarten können und wollen – als Freundinnen, als Weggefährtinnen mit langer Geschichte und neuen Perspektiven.

Mit meinem Ex-Mann deutet sich eine ähnliche Entwicklung an. Wir sprechen wieder miteinander. Wir einigen uns. Wir gehen beide aufeinander zu und versuchen, unsere gegenseitigen Verletzungen nicht mehr zum Bestandteil unseres Miteinanders werden zu lassen. Sondern alles aufzulösen, was noch zu lösen ist. Und dann noch mehr gemeinsam unsere beiden Kinder stark und glücklich zu machen – mit-, nicht gegeneinander.

Ich achte mehr auf mich und meine Gesundheit. Ich schlafe gut, ich esse einigermaßen regelmäßig und einigermaßen ausgewogen. Ich sitze recht regelmäßig auf meinem Meditationskissen. Ich atme. Ich bin bewusst und überwiegend entspannt, nicht mehr angespannt.

Ich bin den Marathon in einer Zeit gelaufen, die ich mir im Leben nicht zugetraut hätte. Meine Freundinnen und Freunde und meine Mutter und meine Kinder standen überall an der Strecke. Josephine mit einem Megafon. Es gibt viele Fotos und Videos von dem Lauf, und auf jedem einzelnen lache ich von so tief unten, dass ich immer noch Gänsehaut bekomme, wenn ich sie mir ansehe.

Ich habe meine Fernsehsendung aufgegeben, ein großer Schritt für mich und ein folgerichtiger noch dazu. Ich habe mich entschieden, nur noch den Job zu machen, der mein Herz wirklich berührt, in dem ich inhaltlich strahlen kann: als Coach und Consultant Menschen und Ideen zu beflügeln. Nicht mehr ständig zu pendeln, endlich konstanter bei meinen Kindern und meinem Hund zu sein.

Meine Kraftzehrbeziehung ist wirklich vorbei, auch wenn das ein längerer Weg war. Ich fühle große Dankbarkeit für das gemeinsam Erlebte. Und große Freude daran, tatsächlich einen Teil der Wegstrecke alleine zu gehen.

Sich selbst zu befreien, ist ein Prozess, der niemals abgeschlossen sein wird. Wenn wir es aber geschafft haben, bewusst zu werden, gesunde Entscheidungen zu treffen, zu uns und unseren Wegen zu stehen, und wenn wir uns täglich daran erinnern und uns trainieren, dann bleibt das befreite Ich bei uns. So habe ich es für mich erlebt. Und Anna und Josephine für sich. Und du versuchst für dich, welcher Teil sich für dich richtig anfühlt. Dann haben wir schon ganz viel miteinander erreicht.

13

Die Essenz. Die Resonanz. Und das Finale.

Wie immer, wenn wir anfangen, uns stark mit etwas zu beschäftigen, sehen wir genau das, womit wir uns beschäftigen, geradezu überall. Wenn ich zum Beispiel überlege, mir einen VW-Bus, einen Bulli, zu kaufen, sehe ich überall nur noch Bullis. Dann machen auf einmal alle anderen auch Urlaub im Bulli, auf Facebook sind nur noch Bullis in meinem Verlauf, auf jedem verdammten Jutebeutel prangt dann so ein Retro-Bus. Anderes Beispiel: Als ich das erste Mal schwanger wurde, war es, als wäre meine Fruchtbarkeit auf den Rest der Welt übergesprungen. Alle schienen auf einmal auch schwanger zu sein: Kolleginnen, Kassiererinnen, Heidi Klum (gut, die war gerade in dieser Zeit quasi dauerschwanger – aber jetzt sprang es mich an). Oder sie gebaren gerade. Oder sie schlugen sich ebenfalls mit der Wahl des perfekten Kinderwagens und des Babybadeeimers herum.

Kennst du so etwas auch? Der ganze Spuk hat einen einfachen Grund: unser Bewusstsein. Wir sind fokussiert auf etwas, das uns beschäftigt, und schon folgt unsere Wahrnehmung. Und es gibt nur noch Bullis und dicke Bäuche und Babybadeeimer.

Bullis, Bäuche, Babybadeeimer und Befreiung, muss es jetzt heißen.

Denn: Als ich begann, mich aus meinem Zwinger zu befreien, habe ich auf einmal viele Menschen wahrgenommen, die

Ähnliches versuchten. Ich sah auf einmal überall Menschen in ihren Zwingern. Und auf einmal tauchten sie auch in meiner Coaching-Praxis auf. Viele, die sich beruflich in einem Zwinger befanden, andere, die in ihrem Beziehungszwinger saßen, wieder andere, bei denen das Zwinger-Gefühl so viele Ebenen betraf, dass es anfing, sich bedrohlich anzufühlen (so wie bei mir, als ich startete). Dass all diese wunderbaren Menschen auf einmal zu mir kamen, war für mich der Beweis des sogenannten Resonanz-Prinzips. Wir kennen das aus der Teilchenphysik weniger als aus der Akustik: Etwas schwingt mit; eine Saite, ein Klangkörper. So funktionierte das bei mir, bei uns allen auch – und zwar ganz ohne Push, ganz von selbst und leicht: In dem Moment, in dem meine Situation mir vollständig bewusst war und ich sie durch diese Bewusstheit und durch meine eigenen Ansätze lösen konnte, habe ich Menschen in ähnlichen Situationen, auf ähnlichen Schwingungslevels angezogen. Abgefahren. Und wahr – für meinen Teil.

Genau deshalb habe ich auch dieses Buch geschrieben: Wir sind nicht allein mit unseren engen inneren Käfigen. Nicht allein mit unseren selbst gemachten Desastern und Dilemmata. Nicht allein mit dem Wunsch, sich daraus zu befreien. Wir können und sollten voneinander lernen. Und uns fokussieren.

Wenn wir das beherzigen und unsere Krisen auflösen und uns dabei begleiten lassen, so wie ich von Anna begleitet wurde und meine Klienten von mir begleitet werden, dann entsteht auf einmal etwas ganz und gar Großartiges. Nämlich ein Freiraum. Wir verabschieden uns ja von Eigenschaften, Menschen, Gewohnheiten, Mustern, die uns in diese Situation gebracht haben. Und das ist so wie Ausmisten. Da, wo das Ungesunde war, ist Platz. Und den Platz können wir mit Mustern, Gewohnheiten, Menschen füllen, die uns guttun. Wir können anfangen, uns selbst zu wählen, uns, unser Leben, unseren Weg zu gestalten. Selbstbestimmt und kreativ und gesund. Diesen Freiraum neu zu füllen, den Platz quasi schönstmöglich zu möblieren und auszukleiden, das fühlt sich nicht nur sehr befreit an, sondern auch sehr befriedigend. Und ich wünsche es dir sehr!

Ich habe nicht den Anspruch, besonders weise noch besonders vollständig zu sein, in meinem Lösungsweg. Ich habe in meinem eigenen Nebel und in meiner eigenen Unklarheit ganz schön viel verbockt. Hast du gemerkt, nicht wahr?

Die Essenz liegt für mich in den folgenden zehn Punkten. Sie sollen mir und dir helfen, all das Geschriebene und Verstandene noch einmal auf den Kern herunterzukochen:

1. Wünschen ist nicht Wollen. Wünschen ist nur die schwache Schwester von Wollen. Mit Wünschen kommen wir nicht weit, für den Willen, unser Leben neu auszurichten, brauchen wir das Folgende.

2. Unseren Zwinger bauen wir selbst. Er besteht aus all den Faktoren, die uns unfrei machen. Lebensmustern, Glaubenssätzen, falschen Menschen, richtigen Menschen zur falschen Zeit, Überforderungen, Verdrängtem, Unaufgeräumtem. Deine Befreiung beginnt damit, dass du dir deinen selbst errichteten Käfig bewusst ansiehst.
Frauen tun sich noch schwerer als Männer, sich selbst wahrzunehmen. Und zu kommunizieren, was sie da wahrnehmen. Du musst lernen, dich selbst und deine Bedürfnisse offen auszusprechen, um frei zu werden. Und sie umsetzen zu können.

3. Wir vernachlässigen uns und unsere Grundbedürfnisse, um allen anderen zu genügen. Dabei marschieren wir sehenden Auges immer wieder über unsere eigenen Belastbarkeitsgrenzen. Und machen uns fertig. Du musst dir deine Grenzen bewusst machen und sie nach innen und außen verteidigen.

4. Wir brauchen Bewusstsein und Klarheit, um uns in den wesentlichen Aspekten gesund zu machen und unseren Zwinger niederreißen und verlassen zu können. Kümmere dich ab jetzt um Bewegung, Essen & Trinken, Schlafen, Ruhe & Kreativität und einen guten Lebensrhythmus.

5. Wir wissen eigentlich sehr genau, was uns guttut, was wir brauchen, was wichtig für uns ist. Und verdrängen es, indem wir immer wieder ins Ungesunde flüchten. Kläre für dich: Wo willst du hin? Wie willst du leben?

6. Wir müssen unsere ersten Lösungswege überdenken – im besten Fall, bevor wir mit der Umsetzung starten. Laufe nicht sofort los – überprüfe deine ersten Lösungsansätze.

7. Wir brauchen einen Plan, in den unsere überprüften Lösungswege und unsere Hürden integriert sind. Schritt für Schritt, für jeden Krisenaspekt, vollständig, herausfordernd, aber umsetzbar. Fokussiere dich auf deinen Handlungsplan. Und: *eat the frog first!*

8. Wir brauchen Unterstützung, wir brauchen Menschen, unser Netzwerk, Verbündete, die uns begleiten und

uns unterstützen. Frage, bitte, danke. Hol dir Menschen, die dich und deinen Weg unterstützen.

9. Wir können uns selbst annehmen. Wir können uns selbst stehen lassen. Wir können schaffen, was in uns ist. Wir können uns selbst wählen. Deine neue Lebensphase liegt weiß und frei vor dir. Nutze sie, um dich selbst zu leben. Um dich selbst zu lieben. Endlich mal.

10. Über diesen Punkt müssen wir noch mal sprechen: Wie gestalte ich mein befreites Ich. Wie streiche und möbliere ich meinen Freiraum. Wie bleibe ich beweglich in unseren Zielen. Das machen wir an anderer Stelle. Und darauf freue ich mich. Jetzt leg los. Mit Freude im Bauch. Und Zutrauen in dich.

Du bist stärker, als du denkst. Zeig es. Uns allen. Und strahle mit mir um die Wette.

Danksagung

Danke an Anni und Antonius. Ihr habt beide – auf sehr unterschiedliche Weise – zum Entstehen dieses Buches beigetragen. Und das bedeutet mir viel!

Danke an Wiebke, Anke, Kerstin für eure Gedanken und eure Freundschaft. An Sandra, Schicki, Katja und Jette für eure Liebe, Leidens- und Freudefähigkeit.

Danke an meine Mutter, meinen Bruder, meine Schwägerin und Uwe – ihr seid Herzensfamilie und genau die, die auch da sind, wenn die Sonne untergeht.

Danke an Thomas Schmitz, meinen Buchmann, für seinen großen Glauben an mich und seine klugen, sehr frühen Mails.

Oskar und Mila: Ihr seid weite Teile meiner Welt. Für und mit euch wachse ich. Wir drei (plus 1) sind die krasseste kleine Herde.

Owen O'Kane
Der kleine Alltagsentschleuniger
€ 14,00, Hardcover
ISBN 978-3-95967-358-7

Nimm dir einen Moment Zeit …

Zehn Minuten können uns ganz schön aufreiben: Eine schnelle Dusche. Ein hektisches Frühstück. Eine eilig gepackte Tasche. Eine weitere Runde im Hamsterrad unseres Lebens.
Zehn Minuten können uns auch mehr Zeit geben: Für mehr Achtsamkeit. Für einen entschleunigten Alltag. Für einen klaren Blick auf die Dinge, die uns wirklich innere Freude schenken.
»Der kleine Alltagsentschleuniger« lädt uns in einfachen Übungen dazu ein, unsere vielen Aufgaben entspannter und mit freiem Kopf zu meistern. Dank seiner auf Meditation und fundierter Therapiepraxis aufgebauten Ten-to-Zen-Technik lernen wir minutenweise, die Zeit an der Nase herumzuführen und unser tägliches Einerlei souverän zu gestalten. Denn wer die Zeit in sich selbst findet und festhält, eilt ihr auch nicht ewig nach.

Innehalten. Atmen. Gedankenordnen.

Bella Mackie
Läuft bei mir (nicht) – Wie du deiner
Depression auf die Nerven gehst
€ 16,00, Klappenbroschur
ISBN 978-3-95967-391-4

Das Leben wäre so einfach, wenn es nicht so schwer wäre. Der Moment, in dem ein Herz bricht, kann kurz sein. Der Weg aus dem Herzschmerz heraus unglaublich lang. Bella Mackie liegt am Boden: Sie ist Ende zwanzig, in ihrer Ehe gerade gescheitert und kämpft mit tief verwurzelten Ängsten und Depressionen. Bis sie eines Tages einfach aufsteht und losläuft. Erst schleppend, dann immer leichtfüßiger.
Schonungslos ehrlich erzählt Bella, wie sie so lange lief, bis ihrer Depression die Puste ausging: Vom erlösenden Moment, wenn man nicht mehr weiß, ob einem nun Tränen oder Schweißtropfen übers Gesicht laufen. Dabei war Sport so ziemlich das Letzte, was ihr zuvor bei all den Zweifeln und Ängsten durch den Kopf ging …